Le Problème de l'Enseignement secondaire

DU MÊME AUTEUR :

Beaumarchais et ses Œuvres, Paris, Hachette, 1 vol., *Ouvrage couronné par l'Académie française.*

La Poétique de J.-C. Scaliger, Paris, Hachette, 1 vol.

Précis historique et critique de la littérature française, depuis les origines jusqu'à nos jours, Paris, André Guédon, 2 vol.

Etudes littéraires sur les classiques français (*En collaboration avec G. Merlet*), Paris, Hachette, 2 vol.

Lesage (Collection des *Grands Ecrivains français*), Paris, Hachette, 1 vol., *Ouvrage couronné par l'Académie française.*

Les Félibres : A travers leur monde et leur poésie, Paris, Alphonse Lemerre, 1 vol.

Le Miracle grec d'Homère à Aristote : *Essai sur l'évolution de l'esprit grec et sur la genèse des genres classiques,* Versailles, Cérf, 1 vol.

Michelet : *Conférence du centenaire,* Paris, Paul Ollendorff, 1 vol.

Pour les Pères de famille

Le Problème de L'Enseignement Secondaire

PAR

EUGÈNE LINTILHAC

PARIS
PAUL OLLENDORFF,
ÉDITEUR
28 *bis*, RUE DE RICHELIEU, 28 *bis*

1898

AVERTISSEMENT

On trouvera, dans ce livre, le problème, quatre fois séculaire, de l'enseignement secondaire, posé et agité de bonne foi. Nous ne prétendons pas en apporter la solution ; mais nous espérons avoir démontré qu'on en voit poindre une aussi satisfaisante que prochaine. Nous croyons même avoir indiqué où et comment il la faut chercher.

Elle sortira de l'évolution plénière de l'enseignement moderne.

Un enseignement secondaire pratique élevant les trois quarts de la clientèle actuelle des lycées et collèges en une conformité plus étroite avec les nécessités modernes, désencombrant d'autant l'enseignement classique et lui permettant ainsi de remplir, avec sérénité, sa haute mission sociale, qui est surtout, quoi qu'on puisse dire là-contre, l'entraînement des facultés intellectuelles d'une élite, voilà ce qu'il faut réaliser.

Dès lors le reste du problème ne sera qu'une série de corollaires, qui recevront, suivant les circonstances de temps et de lieu, des solutions aussi aisées que variées.

Nous avons écrit la première partie de cette brochure pour aider à l'avènement de cet enseignement moderne, sur lequel nous fondions de si belles espérances et qu'il n'a pas encore trahies, à nos yeux du moins. La seconde partie nous fut dictée par la nécessité de répéter, — et en haussant le diapason comme nos vibrants contradicteurs, — que cet avènement de l'enseignement moderne ne devait pas détrôner le classique, bien au contraire.

Il y a sept ans que la première partie fut publiée dans la *Revue Bleue* et dans la *Revue pédagogique;* mais la seconde partie, parue hier dans *le Journal*, montrera du reste que les circonstances ont rendu à la première une pleine actualité.

Celle-ci date juste de l'époque où se fondait laborieusement l'enseignement moderne. Le nouveau venu ne nous apparaissait pas sous cet aspect funeste que lui prêtaient les vieilles défiances de la majorité de l'Université classique. Nous voyions en lui non un adversaire, mais un frère, un de ces cadets destinés à courir les aventures, à prendre directement contact avec la vie et à besogner ferme au dehors pour l'honneur et le profit de la famille, en désencombrant le foyer où l'aîné, sachant que noblesse oblige, reste le fier et fidèle gardien des traditions de la race et du nom. Nous lui trouvions une vitalité et une crânerie, un air de santé et de générosité qui commandaient la curiosité et appelaient les sympathies.

Nous expliquâmes tout cela de notre mieux, étant de ceux qui demandaient ardemment à l'Université classique, et dans son propre intérêt, de vouloir bien regarder son cadet à l'œuvre et de lui faire crédit de temps et de bienveillance.

Ainsi fut fait. L'expérience se poursuivait avec le calme qui lui convient, quand un éminent publiciste vint la troubler.

De la meilleure foi du monde, au nom d'intérêts graves qu'il croyait engagés dans l'affaire, il pensa devoir précipiter les destinées de l'enseignement moderne et changer une évolution paisible en une révolution agressive. Il crut que l'intérêt de l'enseignement moderne lui commandait de dire pis que pendre de l'enseignement classique. Et il le dit, en conscience.

En conscience aussi, nous crûmes devoir répliquer que cette manière de plaider une cause, qui nous était chère depuis longtemps, différait de la nôtre du tout au tout, et que, à le prendre de ce biais,

L'espoir changeait de camp, le combat changeait [d'âme.

Mais, si la lice se remplit ensuite de combattants, et des plus qualifiés, la mêlée restait courtoise.

C'est sur ces entrefaites qu'à la distribution des prix du Concours général le Ministre crut pouvoir jeter son autorité dans la balance sans la fausser. Ce qui est certain, c'est que du coup il a remis, du moins dans l'Université[1], les choses au point voulu. Conclusion : l'expérience continue.

C'est tout ce que nous avions voulu en ajoutant aux dissertations de naguère les controverses inévitables d'hier.

En recueillant ici les unes et les autres, nous avons espéré ensuite faciliter aux

[1] Voir, pour des dissidences, à coup sûr éloquentes, mais trop intransigeantes vraiment, *les Études classiques et la Démocratie*, par M. Alfred Fouillée (*Appendice*), qui paraissent au moment même où nous mettons sous presse.

pères de famille leur si grave devoir, qui est de choisir entre les deux enseignements, sans se laisser duper par les mirages également décevants d'un utilitarisme hâtif ou d'une vanité surannée.

EUGÈNE LINTILHAC.

Neuilly, 18 septembre 1898.

PREMIÈRE PARTIE

L'ESSAI LOYAL DE L'ENSEIGNEMENT SECONDAIRE MODERNE

Origines et position de la question.

En 1889, adressant au chef de l'Etat la statistique officielle de l'enseignement secondaire, M. Fallières, alors ministre de l'Instruction publique, écrivait : « Le grand problème est de préparer nos écoliers à la pratique de la vie et aux devoirs qui leur incombent aujourd'hui, sans rien sacrifier cependant de la culture générale qu'ils viennent chercher dans nos classes. » Voilà, en effet, le grand problème.

Il a été posé dès la Renaissance, notamment par Bacon et Rabelais, et voilà près de deux siècles que l'Allemagne l'abordait franchement avec Francke, Semler, le parrain de la *Realschule*, et Hecker. Depuis ces éminents pédagogues, elle en poursuit patiemment la solution par ces fameuses *écoles réelles*, dont l'une, à Berlin, compte cent-cinquante et un ans d'existence.

Chez nous aussi, le même problème préoccupait, dès le XVIIᵉ siècle, de sagaces esprits et, par-dessus tous, le cardinal de Richelieu et Claude Fleury. Il était agité diversement, au XVIIIᵉ siècle, par Rolland d'Erceville, président au Parlement de Paris, et par l'abbé de Saint-Pierre, Diderot, la Chalotais, Turgot, le marquis de Mirabeau, Voltaire, qui, accusant les jésuites de ne lui avoir enseigné que *du latin et des sotises*, achevait sa boutade par ce trait : « Vous voyez que la plupart de nos éducations sont ridicules et que *celle qu'on reçoit dans les arts et métiers* est infiniment meilleure. »

Puis ce fut la Révolution qui, conformément aux vœux si formels des Cahiers de 1889[1], définit cette question pédagogique avec une netteté impérieuse et prescrivit, par la plume de Condorcet, de « faire des hommes mo-

[1] On organisera un enseignement *qui convienne au temps présent*. Au lieu de laisser la jeunesse se consumer dans l'étude aride d'une langue morte, on lui apprendra la morale, les belles-lettres, les langues, l'histoire, le droit des gens et le droit naturel. — (*Cahiers du Tiers, Bordeaux.*)

dernes, d'adapter les intelligences aux nécessités du temps présent ». Mais le grave échec de ces *écoles centrales*, où les réformateurs et les *idéologues*, disciples de Condorcet, avaient réduit le latin à *quia* et traité quelque peu les humanités par la loi des suspects, vint démontrer le danger de la doctrine radicale de la table rase en matière d'enseignement.

La réaction fut aussi vive que légitime, et dès le Consulat. En 1844 le rapporteur de la loi sur l'enseignement secondaire, M. Thiers, provoquait les applaudissements unanimes de la Chambre des députés, comme naguère M. Jules Simon ceux du Sénat, en s'écriant :

« Oui, Messieurs, nous n'hésitons pas à le dire, les lettres anciennes, les langues grecque et latine doivent faire le fond de l'enseignement de la jeunesse. Si vous changiez un tel état de choses, nous osons l'affirmer, vous feriez dégénérer l'esprit de la nation. »

Mais il ajoutait :

« Laissons, Messieurs, laissons l'enfance dans l'antiquité, comme dans un asile calme, paisible et sain, destiné à la conserver fraîche et pure. Le temps du monde réel, des intérêts positifs, arrivera toujours assez tôt : ne le hâtons pas par l'éducation. »

Cet optimisme idyllique reçut un rude démenti par la manière dont la révolution de 1848 posa la question sociale. Il fallut bien reconnaitre qu'il y a des questions qui forcent la porte des collèges.

Aussi bien toute leur population ne se recrute pas dans ces *classes aisées* que l'illustre rapporteur de la loi de 1844 visait expressément. Donc il y avait, comme on dit, des *nécessités modernes* très impérieuses, du moins pour les classes moyennes, et dont l'enseignement secondaire lui-même ne pouvait se désintéresser : « Il y a trop loin, écrivait M. Guizot, de l'atmosphère du monde réel à celle du collège. » Cela devint tout à fait évident, et, vers 1865, l'enseignement spécial vit le jour.

Que d'années écoulées déjà ! Et dire que si, dès lors, on avait fait les sacrifices d'argent nécessaires, si l'on avait résolument débarrassé le nouvel enseignement de la partie technique qui en viciait la nature, si on l'avait nettement orienté dans le sens de la culture générale par un large enseignement du français et des langues vivantes, par des traductions habiles de l'antiquité, par l'histoire des lettres et de la civilisation, en un mot si l'on s'était directement inspiré de la longue expérience que l'Allemagne avait faite dans ce dernier sens, notamment dès 1820 avec Auguste Spilleke, tout ne serait pas aujourd'hui remis en question. On eût évité dans la presse et à la tribune des polémiques regrettables, sinon expiables, et dans l'Université des résistances dont sa majorité se fait aujourd'hui un point d'honneur. Une lente et naturelle évolution de l'enseignement, si malencontreusement dit *spécial*, lui eût pacifiquement attribué le légitime domaine, qu'il va falloir peut-être conquérir de haute lutte pour l'enseignement secondaire classique français. Mais telle est la situation que les événements ont faite, et il la faut aborder de front.

Sur le fond de la question, tout a été dit, tout a été écrit, mais tout n'a pas été entendu, tout n'a pas été lu, surtout dans l'Université.

Celle-ci ne prête en effet qu'une oreille distraite aux propos des réformateurs : très absorbée par l'accomplissement consciencieux de ses devoirs traditionnels, rassurée par ses privilèges séculaires, elle conteste volontiers au temps présent le droit de modifier les uns ou de restreindre les autres.

La stabilité de son esprit conservateur est même pour les étrangers un perpétuel sujet d'étonnement, quand ils la rapprochent de notre tempérament national, si ami des nouveautés, de toute antiquité. En 1879, le docteur allemand Friese, dans un curieux jugement d'ensemble sur notre enseignement secondaire, se récriait là-dessus ; et, en 1848, un autre étranger allait jusqu'à écrire :

« Le corps des professeurs en France est devenu tellement stationnaire qu'il serait impossible de trouver une autre corporation qui, en ce temps de progrès général, surtout chez la nation la plus mobile du monde, se maintienne avec autant de satisfaction sur les routes battues, repousse avec autant de hauteur et de vanité toute méthode étrangère, et voie une révolution dans le changement le plus insignifiant. »

Nous n'avons garde d'appliquer ce jugement à l'Université actuelle, et pourtant écoutez sur quel ton un de ses membres les plus éminents tire l'horoscope de l'enseignement secondaire classique français qui va naitre. A ses yeux, ce sera un de ces *monstres issus d'accouplements hideux*, dont parle le poète, car « il ne sera jamais que le bâtard du lycée et de l'école primaire ».

Serait-il vrai et ne resterait-il aux complices de cette mésalliance qu'à répéter, avec M. Bigot : « Nous nous résignons à être quelque temps encore appelés des révolutionnaires » ? Non, certes ; il y a là une équivoque qui a trop duré : elle afflige notamment les universitaires qui en sont les victimes car elle les fait comparer à ces enfants dont parle La Bruyère, drus et forts d'un bon lait qu'ils ont sucé, qui battent le sein de leur nourrice, et elle les calomnie en les exposant à un soupçon de lassitude dans l'accomplissement de leurs devoirs professionnels.

Et pourtant ne sont-ils pas les plus sages amis des vieilles humanités, ces universitaires partisans déclarés de l'essai loyal de l'enseignement moderne ? C'est ce que nous espérons rendre évident pour tout esprit non prévenu, en délimitant à grands traits, mais strictement, les rôles respectifs des humanités modernes et des anciennes dans l'œuvre générale de l'éducation secondaire, telle que la prescrivent d'une part les intérêts permanents et supérieurs de la race et de l'esprit français, et de l'autre les exigences variables, mais impérieuses, de la société moderne.

La clientèle du lycée latin et celle du lycée français.

L'ENCOMBREMENT de l'enseignement classique ancien par des élèves qui manifestement n'en retirent pas un profit sérieux; l'avantage qu'il y aurait pour ces mêmes élèves à recevoir une culture générale mieux appropriée à leurs aptitudes ou à leur goût ; enfin le devoir pour l'Etat d'offrir une culture générale plus courte que celle des humanités anciennes, sinon équivalente, aux enfants des classes moyennes que les lois de la concurrence vitale poussent plus tôt hors du collège, telles sont, à nos yeux, les trois raisons majeures et suffisantes de la création de l'enseignement secondaire français.

Ce sont aussi sans doute celles qui auront prévalu dans les conseils du gouvernement, car voici la déclaration du Ministre, à la tribune du Sénat, le 19 juin 1890 ; elle circonscrit la débat avec une netteté parfaite :

« Ce qui est en question, c'est de savoir si l'enseignement des lettres anciennes n'est pas donné dans notre pays à un certain nombre de jeunes gens qui pourraient en recevoir un autre; de savoir s'il n'est pas exact que, donné à de trop nombreux jeunes gens, il se trouve par là même affaibli; si, au lieu d'être réservé à une sorte d'élite intellectuelle, qui est véritablement armée pour en profiter, il n'est pas distribué indistinctement à des catégories de jeunes gens qui ne peuvent pas se l'assimiler d'une façon suffisante, qui n'en profitent pas, n'en tirent pas le suc véritable, et qui auraient pu ailleurs et autrement faire des études dont le profit eût été plus réel et plus durable pour eux. »

Mais précisons d'abord un point capital, à savoir le nombre de ces élèves qui ne profitent ni peu ni prou de l'enseignement classique.

Il y a déjà cinquante-sept ans, Timon écrivait : « Sur 30.000 élèves, 20.000 tâtonnent, ânonnent, routinent, s'hébètent et dorment pendant dix années, sur leurs bancs, du sommeil le plus profond de l'esprit, si ce n'est du corps et des sens. » Et quel tableau des écoliers du temps il met sous nos yeux ! Certes, depuis lors, la tenue des classes et la moralité de la population scolaire ont progressé, bien que son nombre ait doublé, — car elle était alors, en chiffres ronds, suivant un rapport officiel, de 19.000 élèves pour les collèges royaux, de 26.000 ou 27.000 pour les collèges communaux et de 36.000 pour les maisons particulières, ecclésiastiques ou laïques, tandis qu'elle se trouvait être, à la date de 1890, de 90.oco pour nos 100 lycées et 264 collèges, de 20.000 pour les institutions laïques et de 50.000 pour les établissements ecclésiastiques, — mais la proportion des non-valeurs et des inévitables déchets est restée la même. Nous avançons sans hésiter que, tout compte fait et toute moyenne établie entre Paris et la province, 40.000 élèves environ sur les 60.000 qui suivent l'enseignement classique ancien devraient aller rejoindre leurs 30.000 camarades de l'enseignement spécial, dès qu'il sera devenu, par une transformation nécessaire et très prochaine, l'enseignement secondaire classique français.

Les 20.000 élèves qui resteraient dans l'enseignement classique ancien représentent précisément cette élite intellectuelle dont parlait le Ministre. Or nous estimons, avec M. Gaston Boissier, que 10.000 élèves suffiraient à pourvoir les professions libérales; il en resterait donc 10.000, — auxquels il faut joindre l'élite des 60.000 élèves qui composent la clientèle des établissements ecclésiastiques, — pour ce recrutement du haut commerce et des hautes industries, qui tourmente si fort M. Fouillée.

C'est plus qu'il n'en faut, même en admettant avec nos contradicteurs, ce qui est évidemment injuste, que l'enseignement secondaire moderne ne dût pas fournir un contingent à ce recrutement de l'élite sociale.

On voit donc ce que vaut le reproche sonore de vouloir ainsi décapiter la France. Au contraire, quelle tête on lui formerait par cette élite toute pénétrée de la joie de son savoir et de la noblesse de ses devoirs, ayant reçu avidement cette culture idéale que nous essaierons de définir plus loin ! Quelle Salente universitaire, au lieu de l'actuelle abbaye de Thélème que sont nos lycées pour les deux tiers de leurs hôtes ! Est-il un ami des humanités, un professeur épris de sa belle mission, qui, envisageant attentivement cette solution, ne se forge une félicité à le faire pleurer de tendresse ?

Restent les objections relatives à la difficulté de discerner cette élite. S'appuyant sur les lois de la sélection naturelle, M. Fouillée dit quelque part : « Il faut beaucoup d'appelés pour avoir peu d'élus » ; et ailleurs : « S'il y a cinq ou six jeunes gens, dans une classe de cinquante élèves, dont on réussit à développer les capacités au-dessus de la moyenne, cette petite élite continuera la grande tradition, etc... »

Cinq ou six sur cinquante ! Voilà un aveu qui dépasse singulièrement la sévérité de nos observations précédentes et qui est bon à noter. Quant au reste, c'est-à-dire aux quatre cinquièmes de nos lycéens, M. Fouillée les abandonne aux bienfaits éventuels de la suggestion opérée sur eux par la parole des maîtres et le voisinage de l'élite sur les mêmes bancs. C'est professer un dédain trop transcendant des intérêts du plus grand nombre. Et quel père dont le fils n'aurait qu'une intelligence moyenne hésiterait pour lui entre les gains vagues et hasardeux de cette suggestion distillée par un milieu hétérogène, tombant, à la manière de la grâce janséniste, où elle veut, quand elle veut, et le profit certain de l'éducation dans un milieu approprié à ses aptitudes ? Et peut-on négliger avec plus de désinvolture la question de l'encombrement ? La preuve qu'elle n'est pas négligeable et qu'ici la sélection naturelle ne fait pas merveilles, nous la trouvons dans cet aveu d'un partisan exclusif des vieilles humanités, comme M. Fouillée, et fort bien conseillé, le regretté M. Albert Duruy, qui s'écriait récemment : « La culture générale est en pleine décadence ! » Il est donc plus sage de recourir à la sélection artificielle.

Mais comment opérer pratiquement ce triage des esprits ?

Il n'est pas en éducation de problème plus grave. C'est ici qu'il faut méditer ce précepte d'Arnold, la devise des collèges anglais dont l'éminent pédagogue a été l'heureux réformateur : « Le premier, le second et le troisième devoir de tout directeur d'école, est de se débarrasser des natures stériles. »

Ajoutons-en tout d'abord un quatrième, celui de discerner et d'attirer toutes les natures fécondes. Un poète anglais dit qu'il n'est jamais passé devant un cimetière de village sans penser avec anxiété qu'un homme de génie méconnu et stérilisé dormait peut-être là. Tous nos hommes politiques devraient partager cette anxiété; elle leur prescrirait de faire accorder les 4.456 bourses de l'enseignement secondaire aux aptitudes des enfants et non aux services des parents ; elle les inciterait à faire opérer, dans les classes pauvres, dès l'école primaire, par tout le personnel enseignant ou inspectant, une recherche sagace et diligente des natures d'élite auxquelles le lycée gratuit est dû, au nom de l'intérêt de l'Etat. Voilà un premier moyen de sélection tout positif.

Il en est un second, tout négatif, depuis

longtemps prôné en théorie, toujours faussé dans l'application et auquel on devra rendre sévèrement toute son efficacité : l'examen du passage d'une classe à l'autre.

Il faut cribler la population de l'enseignement secondaire classique et en éliminer les élèves qui, s'y étant introduits, y font preuve d'une paresse incurable ou d'une inaptitude assez tôt évidente. « *Ceux-là, seuls*, dit le recteur de l'Académie de Paris, arriveront aux grades destinés à couronner les études classiques qui fourniront à la société le gage d'une intelligence éclairée et d'une volonté forte. » *Ceux-là, seuls !* Ainsi soit-il ! Et il ne faudra rien moins que cette sage sévérité pour assurer dans chaque classe l'homogénéité des intelligences et des volontés, pour introduire dans notre système d'éducation une condition supérieure de moralité.

Examinons maintenant la provenance et le sort des médiocres qui se seront fourvoyés dans l'enseignement classique ancien.

La plupart proviendront des classes aisées, et leur renvoi vers l'âge de douze à treize ans à un enseignement d'une autre nature, — sinon d'un autre *ordre*, comme on l'a dit, — ne saurait leur être très préjudiciable. N'auront-ils pas les moyens de réparer par des leçons supplémentaires ce que leurs camarades du nouvel enseignement auraient pris d'avance sur eux ?

Les autres élèves qu'il faudra éliminer du lycée latin appartiendront évidemment en grande minorité aux classes moyennes.

En effet, du jour où un enseignement secondaire, plus court et néanmoins classique, s'offrira à eux, combien de parents de cette catégorie auront l'imprudence d'engager leurs enfants dans l'enseignement latin, s'il ne leur est pas prouvé de bonne heure que ces enfants font partie de l'élite intellectuelle ? Et ne se hâteront-ils pas de les en retirer, dès les premiers avertissements, pour les envoyer au lycée français ?

On voit donc que la sélection artificielle fera moins de victimes que la sélection naturelle, et surtout qu'elle ne leur causera qu'un dommage négligeable et passager.

On ne risque pas d'ailleurs de tarir ainsi le recrutement du lycée latin.

Et d'abord le drainage des natures d'élite dans les moyennes et basses classes de la société, l'augmentation et une meilleure répartition des bourses qui seront attribuées à ces élus, suffiront à compenser, autant qu'il le faut, le déchet que causera dans la clientèle du lycée latin la prudence bien et dûment avertie des classes moyennes.

D'autre part on pourra attirer sans crainte vers cette haute culture l'enfant du pauvre supérieurement doué, car, lorsqu'il l'aura pleinement reçue, à l'aide d'un système de bourses longuement prolongées, analogues aux *scholarships* et aux *fellowships* des Universités anglaises, ce sera l'intérêt de l'Etat autant que son devoir d'ouvrir une carrière. de donner une fonction à des aptitudes si bien prouvées et développées. Voilà qui nous parait émousser les piquants arguments de Bastiat contre le baccalauréat, et nous pourrons accepter, sans inquiétude, la définition, jadis si menaçante, qu'en donnait le duc de Broglie : « Le baccalauréat est une lettre de change tirée sur la société. » La société sera prête pour l'échéance et trop heureuse d'y souscrire.

Ajoutons enfin que le lycée latin ne sera pas fermé à l'élite reconnue du lycée français qui aurait senti sur le tard le goût ou le besoin des humanités anciennes, et que l'accès lui en serait donné par ces cours supplémentaires dont on vient de faire l'heureux essai, précisément avec des élèves d'élite pris à l'enseignement spécial.

Ainsi la clientèle, sévèrement restreinte, du

lycée latin se recrutera d'abord dans les classes aisées, puis dans l'élite des moyennes et basses classes. La clientèle du lycée français se recrutera dans les classes moyennes, et parmi tous ceux que de sages avis auront orientés vers une culture mieux appropriée à leur goût et à leurs aptitudes.

Le problème se ramène donc à définir d'abord cette culture.

De l'esprit et des programmes des humanités modernes.

L'ENSEIGNEMENT offert aux classes et aux intelligences moyennes sera secondaire, français et classique, c'est-à-dire : 1° qu'il aura, dans son objet, les caractères de généralité qui le distingueront de l'instruction primaire, — ce minimum de savoir indispensable à l'homme, — étant d'ailleurs dépourvu dans ses exercices, de cette *technicité*, qui caractérise l'enseignement professionnel ; 2° qu'il aura pour centre de gravité l'étude du français et, par lui principalement, celle des humanités anciennes et modernes ; 3° qu'il correspondra à la vraie définition du type classique en matière d'instruction.

Cette dernière définition a été tentée plusieurs fois au nom de l'Etat, et elle est ici tout à fait nécessaire.

Considérons d'abord celle qui avait cours jadis : « L'instruction secondaire, disait M. Thiers, au nom de la Commission de 1844, apprend *aux enfants des classes aisées les langues anciennes et modernes*, la grammaire, la rhétorique, les règles du beau, l'histoire, la géographie, la philosophie, la religion, tout ce qui constitue enfin le savoir commun des hommes bien élevés chez les nations éclairées. »

C'est là un dénombrement des matières, très ambitieux pour qui sait ce qui était réellement enseigné, non une définition du fond. D'ailleurs la restriction relative aux *classes aisées* nous parait aujourd'hui singulièrement aristocratique, surtout si on la rapproche de cette autre déclaration de l'illustre rapporteur de la loi de 1844 : « L'instruction secondaire occupe l'homme pendant toute la durée de l'enfance, lui communique l'*ensemble des connaissances humaines*(?), *forme ce qu'on appelle les classes éclairées d'une nation*. Or, si les classes éclairées ne sont pas la nation tout entière, elles la caractérisent. » Ainsi il n'y aurait de classes éclairées que les classes aisées ! La dernière phrase seule est à retenir.

Au contraire, tout porte, tout nous satisfait dans la définition de l'enseignement classique donnée, en 1890, à la tribune de Sénat, par le ministre de l'Instruction publique, qui paraît bien être décidément celui que MM. Bigot, Maneuvrier, Ferneuil, Rochard et la plupart des réformateurs appelaient de leurs vœux dans leurs ardentes péroraisons. Qu'on en juge :

« Nous appelons et nous pensons qu'on doit appeler enseignement classique celui qui ne donne pas seulement à l'esprit une certaine quantité de savoir, mais qui lui donne surtout une méthode. Nous appelons enseignement classique celui qui, prenant l'enfant, lui apprend à penser et, par voie de conséquences, lui apprend à bien exprimer sa pensée. Nous appelons enseignement classique celui qui n'a nullement une destination utilitaire, une application particulière et immédiate, et qui n'est pas une préparation spéciale à telle ou telle profession. L'enseignement classique n'est pas un enseignement de préparation à une carrière déterminée ; c'est un enseignement qui doit donner l'éducation intellectuelle et morale dans sa généralité et dans son intégralité. Il doit rendre familières à l'élève ces idées générales qui sont une partie essentielle de ce patrimoine intellectuel reçu en héritage de la liberté politique et de la liberté de pensée de la Grèce, et qui, transmis par Rome, retrouvé par la Renaissance, enrichi par les sciences modernes, a abouti, à travers le XVIIe et le XVIIIe siècle, à l'éclosion de la Révolution française, qui a fait l'âme de la France moderne. »

Mais par quels procédés le nouvel enseignement va-t-il donner à ses élèves l'*éducation intellectuelle et morale dans sa généralité et dans son intégralité*, et les faire entrer en possession de ce *patrimoine intellectuel* éloquemment défini ? Il y en a quatre principaux, qui sont : l'étude directe des humanités françaises ; celle des humanités anciennes par des traductions ; celle des humanités modernes par les langues vivantes ; enfin celle des sciences, dirigée et couronnée, comme les trois autres, par une saine philosophie.

Nous allons caractériser successivement chacun d'eux, en nous aidant, pour plus de précision, de nos renseignements particuliers sur les programmes qui seront soumis au Conseil supérieur, à l'heure où paraitront ces lignes :

« On a soutenu longtemps, écrivait M. Jules Simon dans une circulaire justement fameuse, qu'avant la rhétorique il y aurait imprudence à livrer le français à ces jeunes esprits, comme s'il s'agissait d'une arme dangereuse. Ce n'est pas là une des moindres singularités de notre éducation classique. »

Cette défiance du français date du temps où c'était une honte que de parler la langue nationale dans l'enceinte des collèges, —

Flagitiumque putat nativo idiomate fari,

comme disait N. Mercier, sous-principal des grammairiens au collège de Navarre, — et où un devancier de M. Renan, professeur de philosophie à Tréguier, était *interdit* pour avoir philosophé en français dans sa classe. N'a-t-on pas proposé, au dernier siècle, de fonder une ville. pour les écoliers, où il ne fût parlé que latin, et n'est-ce pas sous la Restauration qu'un abbé traçait le plan de *maisons de sevrage*, où devait être appliqué le même programme ?

Oui, quoique depuis deux siècles les Oratoriens et les Jansénistes aient donné droit de cité au français dans nos collèges, que ce droit lui ait été confirmé par Rollin, il n'en est pas moins resté un suspect aux yeux de beaucoup de maîtres. Eh bien, ils ont raison ; mais c'est pour eux qu'il est, suivant la piquante expression de J. Simon, une arme dangereuse.

Je m'explique.

Il y a quelques jours, j'agitais ces questions avec un maître éminent, humaniste accompli et dont je résumerai tout le bien que j'en pense avec le reste de ses élèves, — sans faire violence à sa modestie, puisque tant d'autres se croiront désignés, — en déclarant que, dans notre temps, où le pédantisme revêt tant de formes et gâte tant de talents, il me paraît incarner l'atticisme. « Soit, me disait-il, — et ici son témoignage avait une autorité considérable, — j'admets tout à fait qu'avec des traductions on puisse tirer un profit suffisant des chefs-d'œuvre des deux antiquités : mais où trouverez-vous des professeurs capables d'enseigner assez bien les humanités françaises ? Quand je songe à l'insuffisance notoire des explications françaises, même à l'agrégation des lettres, j'estime qu'il y a là un obstacle capable de faire échec à toute la réforme projetée. »

Il n'est que trop vrai. Un maître de grec ou de latin est soutenu par le mot à mot des explications, et, fût-il médiocre, il garde toujours la supériorité nécessaire et suffisante sur les meilleurs élèves, qui, de leur côté, acquièrent toujours dans ces exercices cet *esprit d'analyse* où M. Gréard voit le principal fruit de l'enseignement secondaire. Mais, devant une page de Racine ou de Bossuet, quelle agilité d'esprit, quel sentiment affiné des nuances, de la propriété des termes et de tout le détail de la composition, ne faut-il pas, chez un maître, pour qu'il évite la fadeur du mot à mot par voie de synonymie ou la puérilité des commentaires exclamatifs, et donne une explication qui fasse pénétrer l'élève dans le tréfonds du sens et dans le secret de toutes les harmonies du texte ? Et combien il est plus facile à un maître ordinaire de raboter des barbarismes grecs ou latins et de refaire une composition latine avec autorité que de bien corriger et de refaire un devoir français sous les yeux de l'élève, médiocre praticien, mais juge redoutable en la matière !

Donc l'enseignement secondaire du français sera beaucoup plus difficile à professer. C'est une question de diplômes et de pédagogie : nous y reviendrons.

Cependant supposons qu'on ait le personnel voulu. Alors l'enseignement de la littérature française, tel qu'il est conçu par les nouveaux programmes, c'est-à-dire à peu près tel qu'il vient d'être indiqué par M. Brunetière dans la *Revue des Deux Mondes*, ne constituera-t-il pas vraiment les humanités françaises?

Mais celles-ci ne sauraient suffire, s'il ne s'y ajoute une certaine connaissance de l'antiquité, sans laquelle, suivant un mot de M. Guizot, « on n'est qu'un parvenu en fait d'intelligence ».

Aussi voyons-nous, dans les projets de programme pour le nouvel enseignement, des extraits d'Homère figurer dès la sixième. Qu'on ne se récrie pas à la légère. Pour notre part, nous sommes convaincu, et par l'expérience, qu'une traduction sincère et délicate des meilleurs morceaux de l'*Iliade* et de l'*Odyssée*, reliés entre eux par une analyse limpide du reste, donnera, le maître aidant, aux élèves de l'enseignement moderne, d'abord une impression, et plus tard un sens des beautés homériques, supérieurs à ceux que la moyenne des élèves de l'enseignement ancien remporte de ses explications fragmentaires de deux ou trois chants de ces poèmes, et de son commerce obscur avec leur sublime auteur.

On appliquera à Cervantès, au Tasse, à

Shakspeare le même procédé d'*analyses* et d'*extraits*.

Pour Homère et Shakspare, ces recueils d'analyses et d'extraits ne sont d'ailleurs plus à faire : on a, pour Homère, celui de M. Couat, et, pour Shakspeare, celui de M. J. Darmester, que l'on agrémentera, au besoin, de fragments des *Contes shakspeariens* du bonhomme Lamb. Que les incrédules se reportent à ces deux petits chefs-d'œuvre de critique et de pédagogie, et que les professeurs les imitent.

On pourra appliquer la même méthode aux chefs-d'œuvre des grands écrivains que les Allemands appellent *génies du monde*, *Weltgenien*, comme leur Gœthe ou notre Molière. Voilà un sûr moyen d'initier les générations futures à cette *littérature européenne* moderne, dont M. Brunetière prône l'étude et signale la solidarité croissante et l'avènement prochain aux critiques.

Cette littérature européenne moderne ne s'enseignera pas aux dépens des humanités anciennes, car l'étude d'Homère, que nous avons vu commencer en sixième, se continuera par celle d'Hérodote, de Virgile, de Plutarque, par des recueils de *morceaux choisis des poètes et des prosateurs grecs et latins* et par des *notions sur les principaux chefs-d'œuvre des litté-*

ratures anciennes à l'occasion des morceaux lus et commentés. On ne saurait en demander davantage sur ce point.

Nous voyons d'ailleurs que l'histoire littéraire, dans la *seconde* et dans la *première* ou *rhétorique française*, sera exposée méthodiquement d'abord par une *revision sommaire dans l'ordre chronologique*, puis, — et voilà qui est excellent et porte la marque de cet esprit vraiment philosophique qui nous parait avoir ordonné et pénétré toute la composition de ces programmes, — par une histoire sommaire des *principaux genres littéraires*, *dont les lignes générales seront tracées par le professeur*.

Un enseignement littéraire ainsi constitué pourra être taxé d'ambition, mais lui contestera-t-on encore l'ampleur et l'unité?

Quant à cette *gymnastique de l'esprit*, qui ne saurait être parfaite qu'avec les langues anciennes, comme nous le rappellerons plus loin expressément, elle sera tentée ici avec les langues vivantes.

On parle de dix heures par semaine, de deux heures par jour, consacrées pendant les trois premières années à l'allemand et à l'anglais, avec cours facultatifs d'espagnol et d'italien, et qui auraient pour sanction, au baccalauréat français, des épreuves écrites, sans dictionnaire, sur chacune des deux langues principales, avec conversations dans ces deux langues et épreuves facultatives sur les deux autres.

D'ailleurs le choix des auteurs, dans ces diverses langues, nous paraît ingénieusement combiné de manière à fortifier l'étude des chefs-d'œuvre français et à fournir avec les anciens les rapprochements les plus suggestifs. Dante y ferait pendant à Virgile ; Machiavel, Guichardin, Diego de Mendoza, Gœthe et Macaulay, à Tacite, à Tite-Live, à César, à Salluste, à Hérodote et à Thucydide ; Shakspeare, Guilhen de Castro, Alarcon et Calderon, à Corneille ; Alfieri, à Racine ; Goldoni, à Molière ; l'Arioste et Cervantès, à nos vieilles épopées héroïques ou héroï-comiques. On y rapprocherait directement les *Contes* des frères Grimm de ceux de Perrault ; *Robinson Crusoé*, d'*Ulysse ; los Maccdades del Cid*, de notre *Cid ;* la *Verdad sospechosa*, du *Menteur ;* le *Gil-Blas* du P. Isla, de son modèle français, etc., etc... Ajoutons enfin que des pratiques de détail rendraient courant l'emploi des langues vivantes pendant toutes les classes qui leur seraient consacrées.

C'est une expérience à faire, à loisir, et combien séduisante.

Ainsi *la gymnastique de l'esprit*, par la traduction et les rapprochements littéraires, serait rendue plus facile et plus attrayante pour la moyenne des intelligences que l'ancienne. Certes elle ne la vaudrait pas pour l'élite ; mais, pour cette moyenne, elle gagnerait en utilité pratique par l'acquisition probable de deux langues vivantes, bien plus qu'elle ne perdrait en valeur éducatrice. De là un gain énorme pour le plus grand nombre.

Quant au programme des sciences, nous indiquerons par une remarque générale combien il nous satisfait.

Il nous a semblé qu'on s'y montrerait moins épris des curiosités du détail et plus préoccupé de la philosophie de l'ensemble. C'est par exemple avec une véritable joie que nous y voyons réaliser un vœu que nous avions souvent exprimé à nos collègues des sciences.

Nous nous souvenions de l'inquiétude d'esprit qui ne nous avait pas quitté, non plus que plusieurs de nos camarades, aussi longtemps que nous avions préparé sur les bancs du collège, *après les humanités bien et dûment faites*, le baccalauréat ès sciences. Cette algèbre qui capitulait devant les équations supérieures au second degré, cette géométrie qui ne se haussait pas au-delà d'une conception timide des courbes usuelles, cette géométrie descriptive qui ne s'appliquait qu'à des lignes et à des plans, nous causaient un véritable malaise. Nous nous récriions, à part nous, bien entendu : « Mais il n'y a pas de surfaces et de volumes parfaits dans la nature ! A quoi bon dès lors ces approximations si compliquées à la fois et si timides ? » Toute cette mathématique élémentaire, *au-delà de laquelle on ne nous annonçait rien*, nous paraissait en somme, et malgré les mille problèmes dont elle se hérissait, confesser assez piètrement l'infirmité de l'esprit d'analyse. Je le répète, le souvenir de cette souffrance d'esprit m'est resté très vif, et je l'ai souvent confié depuis à des collègues *scientifiques*, qui tentèrent de l'éviter à leurs élèves ; mais l'étroitesse gauche des programmes ne le permettait guère. Pour moi elle ne cessa que lorsque j'eus le bonheur d'entrer en mathématiques spéciales. Alors j'entr'ouvris les lointains réels de ces abstractions si myopes en apparence, l'édifice hardi qu'il s'agissait d'élever sur ces fondements, pendant la construction desquels on m'avait pour ainsi dire encavé. Oui, je sortais en quelque sorte de la cave scolastique dont parle Descartes : et, le jour où l'on m'ôta mes œillères, où, traçant un nœud de courbes sur le tableau, on me la fit traverser triomphalement d'une ligne droite qui donnait le degré de l'équation déterminatrice de ce fouillis, je ressentis une véritable allégresse d'esprit et crus sentir quel instrument de la connaissance était la mathématique.

Mais combien d'élèves de l'enseignement classique en restent aux mathématiques élémentaires, et même au-dessous ! Eh bien ! ces angoisses seront épargnées, cette satisfaction intellectuelle sera donnée de plain pied aux élèves du nouvel enseignement. Je vois en effet figurer au projet de programme pour *la classe de sciences appliquées (philosophie) : Compléments d'algèbre ; notions très succinctes de géométrie analytique ; variations de fonctions peu compliquées ; dérivées très simples.*

Bravo ! c'est cela même.

Moins de théorèmes et de problèmes et plus de procédés pratiques, — comme en Angleterre, où nous voyons qu'on demande aux candidats aux écoles militaires, âgés de dix-sept ans au plus, de savoir quelque peu *intégrer*, — et surtout et partout plus de philosophie !

C'est ici que les projets des nouveaux programmes nous paraissent très voisins de la perfection.

La philosophie proprement dite y est réduite à la portion congruë, du moins en première (sciences), et à être historique non moins que théorique. Mais ce qu'elle perd en tant que dogmatique, comme elle le gagne en tant que pratique, en s'insinuant, pour les élargir et les coordonner, dans toutes les branches de l'enseignement ! C'est ce que nous avons déjà entrevu, et c'est à peu près, croyons-nous, ce que demandait au fond M. Fouillée, qui, sur ce point du moins, sera satisfait.

Mais prenons encore quelques échantillons de cette méthode.

Nous avons été particulièrement séduit par la recommandation de rattacher toujours l'histoire des sciences à leur démonstration, et par un programme d'histoire des sciences naturelles, lequel va d'Aristote à Pasteur, en passant par Galien, les Arabes, Bacon, Harvey, Descartes, Buffon, Lamarck, Gœthe, Cuvier, Claude Bernard et Darwin. Les élèves y apprendront à philosopher sur bien des ignorances longtemps vénérables et sur l'avènement tardif de l'esprit d'observation ; sur ce fait, par exemple, qu'un ancien, le savant Aristote, je crois, ayant avancé que le chant du coq terrifie le lion, et toute l'antiquité ayant cru, avec Virgile, que le sang de taureau est un poison foudroyant, Descartes fut le premier à servir un coq à un lion, qui en déjeuna allègrement, malgré des *cocoricos* éperdus, et Voltaire le premier à boire pour sa santé du sang de taureau.

La philosophie de l'histoire, elle aussi, s'est fait sa part. L'histoire *batailles*, comme on dit, cède décidément le pas à l'étude des mouvements intellectuels et politiques, des mœurs et des institutions : par exemple, en *seconde*, à une histoire générale de la civilisation, depuis l'âge de pierre et des monuments mégalithiques jusqu'aux tentatives de réforme sous Louis XVI et à leur échec ; en *première*, à une histoire du développement ou de la transformation des principes de 1789 jusqu'à nos jours. Enfin des notions d'histoire de l'art, sans préjudice du droit et de l'économie politique, préciseront et agrémenteront ces notions de l'histoire de la civilisation, illustreront les textes de tous les âges et faciliteront leur commentaire esthétique.

Pareille réforme en géographie. La nomenclature se subordonnera aux notions de géographie économique et descriptive. On n'apprendra peut-être pas toutes les résidences de Java, mais on connaitra les principaux services de paquebots, la durée des trajets et la situation économique de la France.

Tel sera, à grands traits, dans son cours de six ans, avec sa bifurcation finale pour la seconde partie seulement de son baccalauréat (philosophie ou sciences), cet enseignement secondaire classique français, dernier terme de l'évolution de l'enseignement spécial.

D'une part, il sera plus facile d'accès et plus attrayant dans son cours pour la moyenne des intelligences, et plus court d'un an que l'enseignement classique actuel, et de trois ans au moins que l'enseignement classique ancien, — en supposant ce dernier complété comme il faut et comme nous tenterons de l'indiquer ci-après —.

D'autre part, sans l'égaler théoriquement à son aîné *ainsi perfectionné*, nous estimons qu'on ne peut lui contester le droit de s'intituler secondaire et classique, ni son aptitude à donner *la culture harmonieuse de l'esprit*, suivant l'heureuse expression de M. Lavisse.

La majorité de l'Université l'accusera-t-elle encore de se draper indûment dans « la toge classique », ou voudra-t-elle faire de bon gré sa place au foyer à ce cadet légitime des vieilles humanités ?

L'Université et l'enseignement moderne.

Mirabeau écrivait un jour dans le *Courrier de Provence* : « L'Université commence donc à se douter que l'éducation des collèges ne répond ni aux besoins de l'humanité, ni aux vœux de la patrie. » Hélas ! Cette saillie éloquente a cent ans de date, et la majorité de l'Université ne paraît pas acquise encore aux réformes qui se proposent, comme le disait M. Chalamet à la tribune du Sénat, de « faire la part des nécessités modernes ».

Certes elles y ont de nombreux patrons et assez qualifiés, qu'on nous permettra de rappeler pour fortifier notre modeste avis : le ministre d'abord[1], dont on a vu plus haut la conviction aussi ferme qu'éloquente, MM. Gréard, Rabier, Boissier, Lavisse, Manuel, Léon Robert, Pécaut, Dietz, Jules

[1] C'était alors, comme présentement, M. Léon Bourgeois.

Gautier, Adrien, Charles et Ernest Dupuy, etc., etc., et sans doute, à la date de 1891, la plus grande partie des soixante-neuf agrégés des lettres, restés fidèles à M. Dupré, lors de la dernière élection au conseil supérieur; j'en passe et des meilleurs. Mais cent trente-quatre agrégés des lettres se sont déclarés partisans exclusifs de la culture générale par les humanités anciennes, en votant significativement pour un candidat intransigeant et qui déclare avoir reçu, depuis son élection, les encouragements de « professeurs de tous ordres, *y compris l'enseignement spécial* ». C'est grave.

Faut-il soupçonner cette majorité de tomber dans l'*espèce de servitude* pédagogique dont parlait Rollin, quand il écrivait si sagement dans son *Traité des études* :

« Quoique pour l'ordinaire ce soit une règle très sage et très judicieuse d'éviter toute singularité et de suivre les coutumes établies, je ne sais si, dans la matière que nous traitons, cette maxime ne souffre pas quelques exceptions et si l'on ne doit pas craindre les dangers et les inconvénients d'une espèce de servitude qui fait que nous suivons aveuglément les traces de ceux qui nous ont précédés ? »

Ou bien, au lieu de l'accuser, l'excuseronsnous par cette remarque quelque peu morose de M. Guizot : « Les rêveries du XVIIIe siècle, les sottises de la Révolution en ce genre nous ont dégoûtés, et justement, des essais nouveaux qui ont si mal réussi ? » Soit ! Mais l'Université n'est pas séparée du reste de la France par une muraille de la Chine, et c'est ce que le même homme d'Etat se hâtait de reconnaitre lorsqu'il ajoutait : « En rentrant dans l'ancienne voie, nous sommes retombés dans l'ancienne ornière. Il faudra en sortir, mais avec grand'peine et grande précaution. » Même aveu chez M. Cousin, et combien significatif dès lors ! « Un cri s'élève d'un bout de la France à l'autre et réclame pour les trois quarts de la population française des établissements intermédiaires entre les simples écoles élémentaires et nos collèges. C'est une affaire d'Etat. »

Voilà le grand mot lâché, c'est une affaire d'Etat, et depuis un demi-siècle la crise n'a fait qu'empirer, malgré les panacées que nous avons dites de la bifurcation et de l'enseignement spécial. Il ne s'agit de rien moins que de *sauver les humanités*, comme le déclaraient, dès 1879, M. Pécaut, en 1890, M. Chalamet, et en termes identiques, en songeant aux défiances et aux exigences d'une démocratie irritable et qui coule à pleins bords et à flots autrement torrentueux qu'aux temps de Royer-Collard.

Oui, l'heure est critique pour l'Université, et un autre de ses amis, M. Ferneuil, l'en a avertie pathétiquement. Certes la majorité dont nous parlons ne reste pas sourde au fond à tant d'aveux et d'avis si autorisés et si bienveillants, mais on dirait qu'elle goûte une joie austère et trouve une suprême dignité dans son impassibilité, comme si elle délibérait sous l'œil des barbares. Croit-elle faire assez pour les *nécessités modernes* en proposant, avec son dernier élu, « le maintien de l'enseignement spécial, redevenu un enseignement avant tout pratique et professionnel, d'un degré plus élevé que les écoles primaires supérieures » ?

Décidément il lui semble qu'un pas de plus dans la voie des concessions la mène au suicide. En vérité nous ne contestons ni la sincérité, ni la noblesse de cette attitude ; mais elle nous paraît le résultat d'un malentendu déplorable que nous tentons de dissiper par un calme examen de la question.

Aurons-nous réussi du moins à apaiser certains professeurs d'humanités ?

Il nous semble que deux raisons tirées d'abord des considérations précédentes, et que d'autres viendront bientôt corroborer, devraient y suffire.

La première ressort du bénéfice immense que trouvera le lycée latin dans la dérivation vers le lycée français des élèves empêchés pour diverses motifs d'ordre intellectuel, moral ou social, de recevoir la haute culture classique. La seconde raison pour les professeurs d'humanités anciennes de ne pas bouder les humanités modernes, c'est de considérer que, si l'enseignement classique français est relativement facile à recevoir, il est plus difficile à donner que l'enseignement classique latin ; que les professeurs de langues vivantes eux-mêmes devront être des humanistes suffisants, joignant au moins la licence ès lettres à leurs certificats spéciaux ; que, de là, il rejaillira sur le personnel du nouvel enseignement autant de dignité professionnelle que sur celui de l'ancien ; et qu'en un mot l'Université tout entière doit trouver dans la réforme projetée un surcroît d'honneur pour elle et de profit pour l'humanisme.

Nous conclurons là-dessus, en lui recommandant de méditer cette page d'un de ses chefs les plus écoutés, aussi sagement novateur que le fut en son temps son prédécesseur Rollin :

« Dans cette rénovation de l'enseignement spécial, l'enseignement classique trouvera lui-même un moyen de rajeunissement. Vraisemblablement il perdra un certain nombre d'élèves. Ne nous en inquiétons point. Ceux qui luiresteront lui appartiendront d'autant mieux. On ne saurait trop enseigner de grec et de latin à ceux qui se plaisent à cette haute culture; le danger est d'en apprendre à trop de jeunes gens qui n'en ont ni le goût ni le besoin. Les études désintéressées ne gagneront pas seulement à cette indépendance un surcroît de vigueur. De la légitime importance accordée au mode nouveau d'éducation qui s'impose, il sortira, je l'espère, à l'honneur même de l'éducation classique, un salutaire effet d'émulation. L'Université, qui embrasse dans son sein les deux ordres d'enseignement, ne peut que s'applaudir de voir s'établir entre eux une de ces luttes généreuses qui ne sont pas moins fécondes pour le développement des énergies intellectuelles et morales d'un pays que pour l'accroissement de sa richesse. »

Du nombre des lycées latins à maintenir, de la nature des diplômes à exiger chez les divers maîtres du lycée français, surtout des sanctions à accorder à ses élèves, nous n'avons rien ou presque rien dit. Avant d'entrer dans ces détails, gros de querelles, il fallait tenter avec sérénité de s'accorder sur les principes, ce que d'aucuns déclarent impossible avec un emportement de passion qui exclut tout examen ; il fallait, en dissipant un malentendu fâcheux, calmer les alarmes de la majorité universitaire, qui croit les humanités anciennes menacées ; il fallait rappeler à l'Université que l'heure est critique et l'occasion peut-être unique de sauver ces humanités ; il fallait, en un mot, la préparer à pratiquer l'essai loyal de l'enseignement secondaire classique français. C'est ce que nous avons tenté dans la modeste mesure de nos forces, mais après un scrupuleux examen de la question et avec toute la sincérité de notre culte et de notre reconnaissance pour les humanités anciennes.

Si le parti pédagogique, qui n'aime pas à être appelé *réactionnaire*, s'obstine à vouloir faire échec aux bonnes volontés des plus sages amis de l'Université et aux programmes ministériels, il le peut, dans la mesure qu'on sait, mais il se chargerait là d'une responsabilité plus grave qu'il ne croit, et c'est son excuse. Alors il nous resterait encore à répéter patiemment, avec M. de Cormenin, en un débat tout pareil : « L'heure vole, les passions s'usent, les préjugés se dissipent, la vérité se dégage, le droit apparaît et le temps est à nous. »

Mais nous n'avons pas épuisé tous les moyens de conciliation : il en reste un, souverain à nos yeux, qui est l'examen du rôle supérieur réservé aux humanités anciennes dans le nouveau système d'enseignement secondaire.

L'éducation idéale par les humanités anciennes.

Nous déclarons d'abord nettement, — et nous ne saurions trop insister sur ce premier point, — que ni sciences, ni langues vivantes, ne nous paraissent pouvoir remplir, dans une éducation parfaite, le rôle du latin et du grec.

La supériorité éducatrice du latin et du grec tient à deux causes principales : d'une part, à la nature des difficultés que présentent les œuvres écrites dans ces deux langues ; de l'autre, à la nature des beautés de ces mêmes œuvres.

Sans parler ici des difficultés de vocabulaire et de grammaire, les seules différences des races, des mœurs et des civilisations hérissent les abords des textes classiques d'obstacles précieux.

C'est que, comme le remarquait Voltaire, l'air de l'Attique ou celui du Latium mettaient dans la tête des Démosthène ou des Cicéron des choses que les Omer Talon et les d'Aguesseau ne respiraient pas avec l'air de la Grenouillère. En un mot, nous n'avons pas, comme on dit, le crâne fait de même qu'eux, et entrer dans leurs idées et leurs sentiments jusqu'à les aimer à la fois pour les richesses exotiques de leurs formes et pour leur simplicité foncière si forte à l'ordinaire et toujours si éloignée, chez les maîtres, de notre complexité et de nos outrances modernes, c'est une entreprise vraiment difficile; mais elle profite à une tête bien faite, quoique moderne, en raison directe de sa difficulté même. La nécessité de trouver des termes et des figures dont le sens, l'ordre et le mouvement soient équivalents à ceux d'un original grec ou latin, est la pierre à repasser dont parle Horace : elle aiguise cet esprit de finesse, dont Pascal proclamait la suprématie, et qui donne seul le sens du beau absolu, du vrai relatif et du bien possible, en un mot le sens de la vie et, par surcroît, celui de l'art.

Mais un auteur moderne ne se présente jamais dans un recul aussi favorable.

Je ne parle pas des Allemands, dont la littérature n'a, à vrai dire, qu'un siècle de date, mais remontez jusqu'à Calderon, jusqu'à Shakspeare, jusqu'à Dante même : par la Renaissance que nous continuons directement, par le christianisme toujours vivace, par leurs passions surtout, ils sont nos contemporains et ne sauraient jamais nous dépayser tout à fait. Leurs pensées ont à peu près l'âge des nôtres, et les termes qui les expriment ont une transparence relative, qui les rend susceptibles d'être traduits avec une équivalence rapide : mais de cette équivalence relativement faible l'esprit se contente trop tôt pour son profit. En d'autres termes, devant un texte grec ou latin, l'étudiant est comme le graveur devant un tableau : il est obligé à serrer le dessin, à imaginer, avec les seules ressources du noir et du blanc, toute une transposition infiniment délicate des couleurs et des tons si variés de l'original ; aussi son œuvre est-elle vraiment une seconde création. Mais un texte moderne passe presque de lui-même d'une langue dans l'autre, comme l'objet qui se fixe automatiquement sur la plaque photographique, si bien que les retouches du cliché par l'opérateur ne sont plus qu'une œuvre d'amateur, d'où l'art est à peu près absent. L'un décalque, copie tout au plus, l'autre interprète.

Voilà où gît la véritable supériorité éducatrice des langues anciennes, et aucun argument ne saurait prévaloir contre l'excellence de cette *gymnastique intellectuelle*, suivant l'expression depuis longtemps consacrée.

Auprès de cette vertu éducatrice, celle des sciences parait faible.

Du reste, ni M. Berthelot, dans son discours du Sénat, lors de l'interpellation de M. Combes, ou dans son article récent de la *Revue des Deux Mondes*, ni jamais Paul Bert, ni Dumas, ni Arago combattant Lamartine, ni Diderot, dans son *Plan d'une Université russe*, n'ont prétendu ouvertement que les sciences pouvaient remplacer tout à fait les lettres dans cette formation harmonieuse de l'esprit qui est le but suprême de l'enseignement secondaire. Nous nous bornerons donc à répéter que la *géométrie*, au sens très général où Pascal prenait ce mot, laisse l'esprit comme elle le trouve, ou bien peu s'en faut : et nous renverrons les *scientifiques* à ce lumineux fragment du même philosophe sur l'*esprit de géométrie et l'esprit de finesse*, chaque fois qu'ils voudront s'inspirer de la modestie qui ne leur est pas moins nécessaire qu'aux *littéraires*.

Nous attachons un peu moins d'importance à l'argument qui se tire de la supériorité esthétique des modèles qu'offrent les deux antiquités.

Nous reconnaissons que les traductions bien faites, — lesquelles restent à faire, à peu d'exceptions près, et c'est ici que toute notre philologie trouverait un bel emploi, — peuvent donner un sentiment assez vif des mérites généraux des deux littératures classiques, du moins dans la mesure qui suffit à une éducation secondaire. Ce qu'il y a de général, d'humain, de vertu laïque et de raison pratique dans les lettres latines et qui a fait des écrivains et des philosophes de Rome, — quoi qu'en pensent Bastiat et ses disciples, — les précepteurs du monde dont ses soldats avaient été les vainqueurs, tout cela passe dans une traduction, et c'est l'essentiel.

Mais il n'en va pas de même avec le grec. C'est qu'ici la forme et le fond ont une intimité qui est le secret même de la perfection : l'esprit et la lettre y sont le plus souvent inséparables. Et nous ne parlons pas seulement de la poésie, mais de l'éloquence, c'est-à-dire de ce qui, d'ordinaire, perd le moins à être traduit.

Quelle traduction, par exemple, rendra jamais la phrase par laquelle Démosthène conclut son tableau de l'assemblée du peuple après le désastre d'Elatée, la plus belle page de prose qui soit dans aucune langue : Ἐφάνην τοίνυν οὗτος ἐν ἐκείνῃ τῇ ἡμέρᾳ ἐγώ ? Comment traduire l'ordre pathétique et la force oratoire de ces simples mots, dont chacun est une explosion de fierté et darde un irréfutable argument ?

Et elles abondent en grec, les simples et sublimes beautés de ce genre, rebelles à toute copie, et dont on peut dire que toute traduction et même tout commentaire qui ne s'appuient pas directement sur le texte sont, à leur égard, comme ces lignes imaginées par les mathématiciens sous le nom d'*asymptotes*, qui se rapprochent toujours de certaines courbes, sans les rencontrer jamais. Oui, la traduction la plus adroite, le commentaire le plus délicat seront toujours asymptotes à certaines beautés du grec et même du latin.

Mais, pour ne parler que du grec, devant de tels passages, l'homme le plus sagace peut interroger la traduction, — à moins qu'il ne recoure à une traduction latine juxtalinéaire, comme tel écrivain très attique et très sincère qui nous confiait, ces jours-ci, son procédé, quand son grec le trahit, — il a beau ouvrir les yeux, il n'aura vu que les ombres des idées pures dans la caverne de Platon.

Et cela est grave quand on songe que le

mot de perfection littéraire est aussi obscur pour tout lettré qui n'a pas lu, *dans le texte*, un chant d'Homère, une tragédie de Sophocle ou une harangue de Démosthène, que le serait celui de perfection plastique pour un sculpteur qui ignorerait les éphèbes et les Vénus de Phidias et de Praxitèle. C'est un aveu qui limite cruellement le champ des humanités modernes, mais il le faut faire de bonne foi. Il répugne à certains utilitaires, car il est du domaine de ces vérités ardues auxquelles il est si difficile de donner l'évidence vulgaire que cette difficulté même est l'excuse de ceux qui les contestent.

Mais, sur la base bien et dûment construite des humanités classiques, on peut édifier ce qu'on veut et incliner aisément l'esprit vers toutes les spécialités.

Que signifie, en effet, cette prétendue inaptitude des bons élèves de lettres à devenir de bons élèves de sciences ? Elle est tout à fait exceptionnelle ; et, si elle a paru générale, c'était au temps où les élèves de lettres traitaient avec un dédain traditionnel *la mathématique*, cette Cendrillon universitaire, comme l'appelle Herbert Spencer. En réalité, nous avons vu presque tous les bons élèves dont l'activité intellectuelle n'était pas paralysée par ce sot préjugé, faire merveilles en sciences ainsi qu'en lettres. Seulement, quand on met aux sciences les élèves qui ont dejà passé par les humanités, ils sont plus exigeants, — et c'est leur droit, — sur ce qu'on peut appeler la philosophie de ces sciences.

Or nous savons par une expérience personnelle, — et nous l'avons indiqué plus haut, — qu'on ne peut satisfaire sur ce point leur légitime curiosité qu'en les menant par exemple un peu au-delà des mathématiques dites *élémentaires*. Ils devront être, en sciences pures, à peu près de la force de Voltaire, ce qui suffira. On n'aura qu'à faire figurer à leur programme ces simples titres qu'on vient d'introduire dans ceux de l'enseignement moderne (*première-science*), avec la même adresse que nous y avons cru voir partout : « Compléments d'algèbre ; notions très succintes de géométrie analytique ; variations de fonctions peu compliquées ; dérivées très simples ; intersections des trois corps ronds ; perspective. »

Le fait est d'ailleurs, — que même en tenant compte de cette réserve et d'autres analogues, — pour instruire un élève du vieil enseignement classique de toutes les spécialités que réclament les utilitaires à outrance et de manière à satisfaire les plus exigeants d'entre eux, il suffirait d'un supplément de deux ans d'études, de trois au plus et très rarement.

Tout se réduirait donc pour les familles à laisser leurs fils au lycée jusqu'à dix-neuf ou vingt ans au lieu de dix-sept. C'est, comme on l'a dit, le point sur lequel elles sont le plus compétentes, et c'est aussi celui sur lequel elles s'obstinent à biaiser.

Cette concession faite aux exigences de l'enseignement classique gréco-latin, il réaliserait pleinement l'éducation idéale. Le jeune homme qu'il aurait formé serait mûr pour entrer virilement dans toutes les carrières, pour y employer, au mieux de la communauté, le trésor de ses facultés virtuelles, et pour dominer toujours sa tâche de cette hauteur intellectuelle et morale sans laquelle il n'est pas de besogne bien et allègrement faite. Comme notre embryon parcourt tous les stades de l'évolution physiologique de l'espèce humaine à travers les âges, avant d'arriver au jour, l'apprenti humaniste se trouverait avoir parcouru tous les stades de l'évolution intellectuelle : il serait l'humanité en abrégé.

Voilà la grande voie, et chercher un raccourci pour arriver au même but, c'est chercher la quadrature du cercle. Proposer de la déserter *en masse*, c'est criminel, — nous le répétons volontiers avec M. Jules Simon, — oui, ce ne serait rien moins qu'un crime de lèse-humanité [1].

Et maintenant nous voilà à l'aise pour faire nos réserves.

Réformes nécessaires et suffisantes des méthodes classiques.

En rappelant les incomparables bienfaits des humanités anciennes, nous avons supposé qu'elles étaient enseignées parfaitement. Or on peut avancer, sans en accuser les personnes,

[1] Nous rappelons au lecteur que cela était publié sept ans avant les amères critiques contre l'enseignement classique, auxquelles nous répondons directement dans la seconde partie de cette brochure. Ces expressions sévères ne pouvaient donc viser le futur auteur de ces critiques. — Et qui l'eût cru qu'il dût l'être ? — Au reste M. Jules Lemaître n'a jamais proposé de déserter *en masse* l'enseignement classique, mais bien de réduire des *neuf dixièmes* sa clientèle actuelle. Nous estimons que cette réduction ne saurait dépasser les *trois quarts*. Il est vrai que ce dissentiment sur la quantité de la clientèle en impliquait plusieurs autres sur la qualité de la marchandise. D'où la controverse qui a suivi.

et en ne critiquant que les méthodes, qu'il n'en va pas tout à fait ainsi. Et qu'on ne dise pas que nous nous inspirons de polémiques récentes ! Il nous tombait récemment sous les yeux certain passage de Bussy-Babutin, où sa verve s'exerçait déjà sur *la longueur et la difficulté infinie de la méthode dont on se sert dans les collèges*. Veut-on la preuve que ces plaintes étaient encore de saison dans notre siècle ? qu'on lise le tableau navrant des classes de l'enseignement classique tracé par Timon de main de maître, à l'heure même où M. Thiers, dans une crise analogue à celle que nous traversons, prenait éloquemment leur défense à la tribune. Ils le trouveront, — parmi beaucoup d'autres remarques excellentes que tel ou tel de nos récents réformateurs a redites comme siennes ou qui mériteraient d'être rééditées, — dans certain opuscule net et piquant intitulé : *l'Education et l'Enseignement en matière d'instruction secondaire.*

Mais tenons-nous-en au présent : c'est la même chose, d'ailleurs.

Il y a vingt ans, en effet, M. Bréal démontrait que notre enseignement du latin était resté à peu près stationnaire depuis trois siècles. Puis il traçait avec fermeté le plan des réformes nécessaires dont la fameuse circulaire de M. Jules Simon donnait le signal, le 27 septembre 1872. Ajournées bientôt par la résistance du parti conservateur, à la tête duquel se plaçait M. Patin, avec une conviction et une autorité également respectables, ces réformes furent reprises en 1880, puis désavouées en partie par leur promoteur lui-même, qui se plaignit formellement d'avoir vu ses conseils pris à contresens. Elles furent enfin amendées assez heureusement, en 1885, et plus heureusement encore en 1890.

Des remaniements si réitérés accusent un malaise réel et prouvent du moins que les méthodes de l'enseignement secondaire ne sont pas parfaites, et c'est le point à retenir.

Pourtant elles sont beaucoup moins éloignées de la perfection qui leur est propre que ne le donneraient à croire la fréquence et l'ampleur de ces oscillations pédagogiques. On les peut résumer ainsi.

On a cherché le centre de gravité de l'enseignement secondaire successivement dans la philologie et dans les sciences, et, loin d'y trouver un équilibre stable, on a motivé les plus vives alarmes[1].

[1] Et les plus piquantes comme les plus judicieuses critiques, témoin, hier encore, celle de M. Gebhart (*Débats*, août-septembre 1891).

Puis a surgi dans le débat un éminent maître de philosophie qui s'est écrié, comme celui de la comédie : *Et que sera donc la philosophie ?* Et, pour prouver qu'elle doit être tout et partout, et qu'elle est l'apanage exclusif du professeur de philosophie, sans lequel elle n'est nulle part, le voilà qui se passionne jusqu'à l'injustice et s'écrie : « Où est le maître qui, en faisant apprendre le latin ou le grec, s'élève à quelques considérations générales sur notre lien étroit avec l'antiquité, sur le caractère éminemment national et même patriotique des études classiques, sur la nécessité de ne pas rester au-dessous des nations étrangères, de maintenir dans le monde notre renom de peuple lettré et artiste ? » — *Où n'est-il pas ?* répondrons-nous, et belle serait la matière, si nous voulions montrer tout ce que les professeurs d'humanités, dans nos lycées, en dépit de la *timidité française*, mêlent couramment de réflexions morales aux réflexions littéraires, grammaticales ou historiques ! Mais passons.

Depuis vingt ans, sur les réformes de l'enseignement secondaire, toute une bibliothèque a été écrite. Nous l'avons dépouillée consciencieusement, et voici le dernier terme de nos humbles, mais mûres réflexions : tant d'oscillations et d'alarmes viennent surtout de la précipitation avec laquelle on a voulu déplacer le centre de gravité de l'enseignement secondaire ancien.

Il doit rester où il était, c'est-à-dire dans la culture de l'esprit par les langues classiques faite essentiellement suivant les vieilles méthodes qu'une expérience séculaire avait consacrées, — y compris les vers latins et le thème grec, et sans préjudice, bien entendu, de tout ce qu'on a accordé récemment à l'étude du français —.

De cette montagne de projets, nous ne voyons que trois réformes à extraire, et encore n'y en a-t-il que deux de première nécessité : elles ont trait aux explications cursives, aux professeurs spéciaux et à l'histoire littéraire.

Parallèlement à ces explications détaillées à l'ancienne mode et dont M. Lachelier a rappelé victorieusement l'excellence éducatrice, il nous parait urgent de pratiquer délibérément ces explications cursives prônées jadis par M. Michel Bréal, qui, bien dirigées et faites par des élèves vraiment capables de suivre les classes d'humanités anciennes, tiennent leur curiosité en haleine, leur donnent, avec le goût des vastes explorations, celui d'une forte composition, leur apprennent l'anatomie des chefs-d'œuvre, de ces organismes complexes que Platon compare à des êtres vivants, et par-dessus tout ne les exposent jamais à prendre la paille des termes pour le grain des choses...

Avec de sages pédagogues nous désirons ardemment que l'on fasse au moins l'essai de ces professeurs spéciaux de latin, de grec ou de français, maîtres passés dans leur vaste spécialité et capable de promener sans hésitation et de suivre longtemps leurs élèves à travers tout leur domaine, en proportionnant les étapes et les groupements par classes, non à l'âge, mais aux aptitudes et à l'acquis.

Enfin et surtout, comme complément de ces deux réformes, nous voudrions que l'histoire littéraire fût enseignée partout avec la précision et, çà et là, avec l'ampleur qu'elle mérite. Elle est, pour ainsi dire, le télescope de la critique littéraire qui, sans elle, manque d'horizon et se condamne à la micrographie dont Voltaire disait qu'elle consiste à peser des œufs de mouches dans des balances en toiles d'araignées.

Nous savons bien que sur ces trois réformes, connexes au fond, nous n'avons pas cause gagnée. L'histoire littéraire, par exemple, est, dans la pratique, l'objet d'une défiance visible, mais qui s'atténue. Le reste sera l'œuvre d'une *prudente hardiesse*, suivant le mot d'un proviseur progressiste.

En somme, qu'on introduise graduellement dans la pratique de nos lycées les explications cursives et aussi les professeurs spéciaux, et surtout un enseignement de l'histoire littéraire moins sec, et nous déclarerons que l'*enseignement secondaire classique gréco-latin-français* a réalisé les réformes essentielles, qu'il est sur le chemin de la perfection et qu'en tout cas il est présentement sans égal.

Mais il n'est pas sans rival, et, si les humanités anciennes, avec le surcroît final d'un enseignement bien ramifié des sciences et des langues modernes, réalisent à nos yeux l'éducation idéale, il ne s'en suit pas qu'on doive s'y tenir exclusivement et se défendre de prôner un second type d'enseignement secondaire, très différent de cet enseignement primaire supérieur et professionnel qui prend actuellement un si bel essor. Et voilà justement où le nœud de la question prenait ses plis et replis. Nous les avons dénoués à notre manière, et il ne nous reste plus qu'à nous résumer et à conclure.

Résumé de la question.

Nous sommes à la veille de voir se réaliser l'innovation la plus hardie qui ait été tentée dans l'enseignement secondaire, depuis les fameuses et éphémères Ecoles centrales de la Convention : *l'enseignement secondaire classique français*, pour l'appeler de tous ses noms, va être vraisemblablement organisé de toutes pièces[1]. A l'heure où nous écrivons, le Conseil supérieur de l'instruction publique délibère sur ses programmes, — à peu près conformes aux projets antérieurs, visés par nous ci-dessus, — sur son baccalauréat et sur ses sanctions.

Après tant de plans caducs et de débats passionnés, tant de polémiques instructives et d'essais en apparence discursifs, il nous a-

[1] Nous apprenons que cet enseignement, tel que nous l'avons défini dans un précédent article, vient d'être adopté par le Conseil supérieur, sous le titre d'*Enseignement secondaire moderne*. C'est toute la chose et presque le nom, car, en fait, *moderne* biffe *spécial* et, en droit, signifie *néo-classique*. Et maintenant au nouveau venu de gagner ses éperons, et on lui permettra alors de déployer toute sa bannière. L'essentiel était de lui ouvrir la lice : c'est fait.

paru opportun de dégager à grands traits le sens et la portée de la réforme qui se prépare sous le titre prudent et sincère de *Réorganisation de l'enseignement secondaire spécial*. Il faut que l'opinion puisse la juger avec sang-froid, il faut surtout qu'une partie au moins de l'Université apporte dans son exécution ce désir du succès dont l'insuffisance fait avorter les réformes les plus nécessaires et stérilise les programmes les plus ingénieux et les mieux mûris, témoin l'histoire de l'enseignement secondaire classique ancien depuis vingt ans.

De là la tentation et peut-être le devoir de prendre la plume quand on croit à l'opportunité et à l'efficacité de cette réforme, et qu'on a d'ailleurs longtemps pesé le pour et le contre d'un si grave problème, patiemment recherché toutes les opinions, consulté toutes les autorités et sa propre expérience. Résumons notre modeste enquête.

Nous avons indiqué comment le problème toujours plus pressant de l'éducation des classes moyennes avait été agité depuis quatre siècles. Puis nous avons reconnu qu'on approchait de sa solution et qu'elle consistait à faire accepter par l'Université une répartition de la clientèle de l'enseignement secondaire entre les humanités anciennes et les humanités modernes, dernier terme de l'évolution naturelle de l'enseignement spécial.

Nous avons ensuite fait remarquer, d'accord avec la plupart des pédagogues les plus autorisés, que l'enseignement classique ancien, parmi tous ses mérites, avait un défaut, celui de ne pouvoir porter ses fruits naturels qu'avec une élite et à condition de séparer cette élite des intelligences moyennes qui entravent son essor.

Nous avons été ainsi amené à indiquer par quelle sélection on recrutera cette élite, et comment se fera pratiquement la répartition naturelle qui assurera une clientèle très suffisante au lycée latin et une autre trois fois plus nombreuse au lycée français.

Nous avons alors défini l'enseignement des humanités modernes qui se donnera dans le lycée français, et nous avons observé que les programmes, actuellement en voie d'élaboration, tendaient à le réaliser; qu'il donnerait satisfaction aux raisons d'Etat qui en avaient impérieusement prescrit l'essai; aux parents, par sa brièveté et son caractère classique; aux élèves, par ses attraits et sa facilité relatives; aux professeurs de sciences, de langues vivantes et d'humanités modernes, par la large part qui leur était faite, et aux professeurs du lycée latin, par ricochet, en le désencombrant.

Nous avons d'ailleurs hautement reconnu et expliqué de notre mieux la supériorité éducatrice des humanités anciennes, en montrant comment, au prix de trois réformes principales et avec une prolongation du temps employé aux langues vivantes et aux sciences, elles constitueraient pour le présent l'éducation à peu près parfaite.

Notre dernier mot là-dessus sera donc que le lycée latin et le lycée français, après avoir fait connaissance, professeront l'un envers l'autre, et pour des raisons analogues, une sympathie encore plus vive que celle dont le gymnase allemand donne des preuves répétées à l'*école réelle*, sa cadette, son utile auxiliaire et presque partout sa voisine.

C'est plus qu'un souhait, c'est une conviction ; car il ne s'agit pas là, quoi qu'on ait pu dire, de raviver l'éternelle querelle des anciens et des modernes, mais de tenter loyalement, entre humanistes, la solution définitive d'un problème à la fois pédagogique et social, poursuivie vainement depuis trois siècles. L'Université la doit à la démocratie.

Conclusions.

L'EXISTENCE, les programmes et les sanctions de l'enseignement moderne ont été décrétés et publiés ; son personnel est nommé ; il aborde, sous le contrôle de curiosités très diversement excitées, l'épreuve suprême de la pratique, et tout permet de supposer que l'Université va se prêter enfin à cet *essai loyal*, dont nous avons assez dit ci-dessus les conditions nécessaires et suffisantes. Mais ce qu'on ne saurait trop définir, c'est la nature, la mission et la clientèle naturelle du nouvel enseignement. Cherchons à préciser une dernière fois ces définitions, mais avec une tranquille brièveté et sans les hérisser davantage de tous les arguments offensifs et défensifs que l'armistice présent rend inutiles.

L'enseignement nouveau est *secondaire*. Il ne l'est pas seulement parce qu'il suppose l'instruction primaire chez ceux qui vont le recevoir. Il l'est surtout parce qu'il s'est débarrassé de certaines préoccupations trop utilitaires, qui ont maintenant leur place marquée ailleurs et qui, faute de l'avoir trouvée jadis, obscurcirent la mission, troublèrent la clientèle et finalement discréditèrent le nom même de l'enseignement spécial. Il l'est, en somme, parce qu'il a les caractères essentiels d'une culture relativement désintéressée de l'esprit.

Cette culture est littéraire et morale, esthétique et scientifique. Elle s'exerce par un commerce assidu et respectueux des élèves avec l'élite reconnue des écrivains et des savants de tous les temps et de tous les pays. Elle ne sacrifie jamais la forme au fond et prône au contraire leur harmonieux accord, comme l'idéal même de l'art de conduire son esprit. En un mot cet enseignement est *classique*.

Mais il est *moderne*, c'est-à-dire qu'au lieu d'avoir son centre de gravité dans l'étude des deux antiquités il le prend dans celle de notre littérature nationale et des chefs-d'œuvre anglais et allemands. Ses élèves, qui seront en contact direct avec les grands écrivains français, anglais et allemands, voire même italiens ou espagnols, ne communiqueront plus avec ceux de Rome et d'Athènes que par l'intermédiaire des traductions. Mais les traductions leur seront souvent faites oralement, et toujours commentées, par des maitres auxquels le texte original sera presque aussi familier qu'à leurs collègues de l'enseignement classique ancien, très capables par conséquent de *rompre l'os* et d'offrir *la substantifique moelle*. Cette place faite à l'antiquité et ce supplément de garanties pédagogiques qu'on exigera d'une partie au moins des *maîtres ès lettres modernes* nous semblent deux points essentiels, et nous y insistons, puisqu'ils viennent d'être omis dans une magistrale et d'ailleurs impartiale étude sur l'enseignement nouveau[1].

Nous sommes d'ailleurs de ceux qui trouvent très clair l'objet de sa mission. Il consiste principalement, ce nous semble, à mettre le plus vite possible les intelligences moyennes en pleine possession de ces notions générales qui constituent le fonds essentiel du trésor intellectuel et moral de l'humanité, et à les rendre capables d'adapter ces idées et ces connaissances traditionnelles à la pratique active et féconde de la vie moderne. Il vise donc à être plus court, plus facile et plus pratique que l'enseignement ancien, sans cesser d'être secondaire et classique.

[1] « *Si on a banni les auteurs grecs et latins*, on y lit, on y commente les chefs-d'œuvre des lettres françaises on y explique les grands écrivains des nations voisines. » Gaston Boissier, *Un Enseignement nouveau* (*Revue des Deux Mondes*, 1er août 1891, p. 607).

Il compte y réussir complètement en renforçant l'étude approfondie du français par l'emploi des traductions de l'antiquité gréco-latine et par un enseignement sérieux des langues vivantes.

Par les traductions, il croit recueillir dans le legs des deux antiquités tout ce que doit et peut s'en assimiler sa clientèle ; et nous le croyons aussi. Et voilà de ce chef une belle économie de temps pour le reste de la besogne.

A coup sûr, rien ne vaut les langues anciennes pour le développement des intelligences d'élite, mais nous persistons à affirmer que leur étude ne constitue pas la meilleure gymnastique intellectuelle pour les intelligences moyennes, celle qui serait le mieux adaptée à leur constitution, et qu'elles la trouveront, au contraire, dans l'étude des langues vivantes, incomparablement plus facile à nos yeux.

En outre, ces dernières font saisir sur le vif le génie et les mœurs de nos voisins immédiats et ne contribueront pas peu à donner de bonne heure ce sens complexe de la vie moderne que l'enseignement ancien, au contraire, doit craindre de surexciter et qu'il laisse prudemment à l'état latent jusqu'à l'issue d'études dont il troublerait la contemplative et indispensable sérénité.

Sans doute, c'est affaire ensuite aux élèves de ce dernier de franchir l'intervalle moral qui sépare les spéculations de collège de la pratique de la vie ; et les meilleurs y réussissent à merveille, affinés par un humanisme discret qui les y a préparés de loin ; mais encore leur en faut-il le loisir, et tous ne l'ont pas. Or les élèves, même moyens, de l'enseignement secondaire nouveau, s'en passeront, car pour eux la porte du collège ouvrira directement sur la vie moderne. Quant aux élèves moyens de l'enseignement ancien, ils risqueront fort, après s'être résignés à voir trouble dans leurs humanités, de ne plus voir clair dans la vie.

Si enfin l'on considère que l'enseignement moderne, outre ce raccourci moral que nous venons d'indiquer, est matériellement plus court d'un an que l'ancien ; qu'à l'avantage pédagogique, — du moins dans l'espèce, — de leur facilité relative, les langues vivantes, qu'il enseigne à fond, joignent celui de leur utilité ultérieure ; qu'il a enfin trouvé des places dans ses programmes pour la législation, l'économie politique, l'histoire de l'art, de la civilisation, etc., on conviendra qu'il a le droit de prôner sa brièveté, sa facilité et sa *modernité* aux yeux de sa clientèle naturelle. C'est elle que nous croyons devoir définir une fois de plus pour inspirer au nouveau venu une prudente modestie et lui marquer son rang.

L'enseignement secondaire moderne devra chercher le gros de sa clientèle parmi les intelligences et les classes moyennes. Deux ordres de raisons, les unes pédagogiques, les autres sociales, le lui prescrivent. Mais nous n'insisterons plus ici que sur les premières.

L'enseignement classique ancien donne seul à un esprit d'élite tout son essor, dans quelque spécialité d'ailleurs que cet esprit veuille ensuite le prendre ; mais il n'est pas, — et il le faut répéter sans relâche, — la culture la mieux appropriée, aux esprits moyens, qui sont la grande majorité.

Ces derniers, au contraire, avec l'enseignement moderne, tel qu'il est aujourd'hui constitué, atteindront tout le développement dont ils sont susceptibles, jusqu'à rivaliser souvent, dans la lutte pour la vie et les honneurs, avec les privilégiés de l'intelligence et de l'éducation. Fourvoyés dans l'enseignement gréco-latin, ces mêmes esprits moyens courent le risque d'être fatigués, rebutés, stérilisés même.

Reste alors la question de la sélection des

intelligences. Elle est grave, mais non insoluble, comme il plaît à dire.

Sans doute il est difficile de peser exactement les qualités de l'esprit d'un enfant de onze à douze ans. Et pourtant il est bien rare qu'à cet âge, — celui où les parents auront à choisir entre les deux ordres d'enseignement secondaire, — une intelligence d'élite ne se soit pas décelée aux yeux des pédagogues attentifs, conseillers naturels des familles sages. Ici l'erreur de direction donnée à l'enfant serait évidemment d'autant plus grave que les familles seraient moins fortunées ; et cette raison d'ordre social n'est pas celle qui conseille le moins impérieusement aux classes moyennes de se tourner d'abord et prudemment vers l'enseignement moderne.

En conséquence, à tout père de famille qui nous demande vers lequel des deux enseignements secondaires il doit diriger son fils, nous répondons sans hésiter : « Si votre enfant vous paraît avoir une intelligence tout à fait extraordinaire, et surtout si ses maîtres *sincèrement consultés*, car vous êtes un juge suspect, partagent votre avis, risquez-le dans l'enseignement secondaire ancien. Mais retirez-l'en bien vite pour l'engager dans l'enseignement moderne, dès que vous aurez des doutes sur l'éminence de ses capacités. En vous obstinant, par vanité, à le maintenir au régime du grec et du latin, vous êtes traître à ses intérêts et à votre affection : vous paralysez en lui des facultés que développerait le nouvel enseignement, et, en lui faisant contracter un sentiment exagéré de sa faiblesse, vous lui infligez une humiliation qui sera peut-être une des tristesses de sa vie et lui donnera une défiance incurable de son esprit. Avec l'enseignement moderne, il *pousserait tous ses organes*, selon le mot des physiologistes, et serait armé pour la concurrence vitale ; avec l'enseignement ancien et ses exercices de haute école pour pur-sang, il risque de tomber au-dessous de lui-même et, comme vous dites dans l'argot des courses, de *claquer à l'entraînement.* »

Pour ces raisons principales et bien d'autres accessoires, l'enseignement moderne devra donc hériter d'une bonne partie, environ des deux tiers ou même des trois quarts de la clientèle du lycée latin. En revanche il devra abandonner une part de la clientèle de l'enseignement spécial, celle qui y avait été attirée par ce caractère professionnel, vaguement inscrit dans ses programmes, à son origine, et si funeste ensuite à son développement normal.

Pour ces derniers, qu'ils aillent tout droit à l'école primaire supérieure, déjà si florissante, et qui leur ouvre ses trois sections *industrielle*, *commerciale* et *agricole*. Alors cesseront entre deux enseignements très différents ces confusions si fâcheuses pour tous deux, déjà grosses de querelles, si l'on en juge par un récent article de la *Revue de l'enseignement secondaire*[1], et que motivait, il faut bien en convenir, la nature mal définie de l'enseignement spécial. Celle de l'enseignement moderne nous semble avoir des caractères déjà assez nets pour qu'ils ne laissent place à aucune contestation aiguë de mitoyenneté.

Entre l'enseignement ancien qu'il débarrasse de ceux qui n'ont « ni l'aptitude, ni le goût, ni le loisir d'étudier les langues anciennes », et l'enseignement primaire supérieur et professionnel, auquel il lègue ceux qui étaient venus, sur la foi de programmes équivoques, demander à l'enseignement spécial une préparation directe à l'agriculture, au commerce et à l'industrie, il a son domaine bien délimité.

Qu'il s'y tienne sagement, et les plus défiants cesseront peut-être de le considérer comme le produit d'une révolution menaçante

[1] Voir le numéro du 17 septembre 1891, p. 255 sqq.

pour notre génie national. Ils s'habitueront à y voir une simple et nécessaire évolution de l'*enseignement réel*, accomplie conformément aux intérêts les plus évidents de l'esprit français et aux exigences les plus légitimes de la société moderne.

DEUXIÈME PARTIE

LA QUERELLE DES ANCIENS ET DES MODERNES DANS L'ENSEIGNEMENT

Le latin et les opinions pour et contre de M. Jules Lemaître.

La voilà, cette fois, à l'état aigu, la crise de l'enseignement classique, grâce à M. Jules Lemaître. Elle s'était sensiblement assoupie depuis sept ans que l'enseignement dit *moderne* fonctionne dans nos lycées et collèges. Mais l'auteur toujours spirituel, et presque toujours judicieux, des *Opinions à répandre* l'a rouverte. Il a même fait montre en cette affaire d'une témérité d'esprit et d'une pétulance où « la railleuse note tourangelle » sonne à peu près comme chez son précurseur et compatriote Rabelais, quand celui-ci rabrouait les Sorbonagres et leur discipline d'où Gargantua sortit « tout resveux et rassoté ».

Quel coup de clairon, et comme il a vite mis

sur le qui-vive les camps si voisins en l'Université des humanistes et des utilitaires !

Dans la huitaine l'opinion publique était saisie de la question et de haut. « Rénover nos méthodes et nos programmes d'enseignement » devenait dès hier un des objets que la vigilance du président de la nouvelle Chambre proposait solennellement à ses débats prochains. Et maintenant, à travers le pays entier, du foyer bourgeois à la tribune orageuse, en passant par l'Université trop compétente et la presse qui ne l'est pas assez, il va être agité une fois de plus, ce problème quatre fois séculaire chez nous, éternel d'ailleurs puisqu'il ne comporte que des solutions provisoires et variables, comme le sens de la vie chez les générations qui se poussent de l'épaule.

Ce sera une fameuse bousculade et un joli tintamarre de cervelles. Allons-y ! C'est un cas de conscience.

Mais, au fait, de quoi s'agit-il précisément ? Quel est ce problème ?

Il y a dix ans, un ministre de l'Instruction publique le définissait en ces termes : « Le grand problème est de préparer nos écoliers à la pratique de la vie et aux devoirs qui leur incombent aujourd'hui, sans rien sacrifier cependant de la culture générale qu'ils viennent chercher dans nos classes. » Ainsi posé, le problème à été reconnu depuis insoluble.

Sans rien sacrifier de la culture générale ! Que de sacrifices il a fallu consentir de ce côté ! Les classiques, naguère les plus intransigeants, en sont venus aujourd'hui, comme l'éminent et éloquent M. Alfred Fouillée, à sacrifier le grec, tout le grec[1] :

En est-ce assez, ô Ciel ! et le sort pour me nuire
A-t-il quelqu'un des miens qu'il veuille encor séduire?

Quant aux classiques transigeants, dont j'eus l'honneur d'être, en cette première crise, ils s'étaient crus bien avisés en plaidant publiquement la cause de l'enseignement moderne et en demandant qu'on en fît l'essai loyal. Ils comptaient ainsi désencombrer l'enseignement classique, et après en avoir écarté ceux qui n'ont ni le loisir ni le don de se l'assimiler, et qui sont ses deux grands rémoras, le faire voguer à pleines voiles, comme par le passé et même mieux. Ils comptaient sans M. Jules Lemaitre.

Certes, si on leur eût prédit que la cause

[1] Voir ci-après, p. 87, les réserves et intéressants *distinguos* de M. Fouillée à ce propos.

qu'ils plaidaient obscurément, dans les revues spéciales, susciterait un jour, dans la presse quotidienne, un si brillant avocat et dont les conclusions seraient sensiblement les leurs, ils auraient tressailli d'aise et crié victoire. Jamais ils n'auraient prévu le cas, presque comique, où cet avocat motiverait ces conclusions par de tels considérants que ceux-ci les alarmeraient cent fois plus que celles-là ne les fortifieraient. C'est pourtant le cas, assez piteux, où ils se trouvent aujourd'hui, et moi avec eux.

En effet, M. Jules Lemaître, pour mieux répandre l'opinion très judicieuse que l'enseignement moderne pourrait devenir excellent, a cru devoir répandre aussi celle que l'enseignement classique, tel qu'il se donne, était « un anachronisme effronté » et que « la croyance à son utilité présente » était « un préjugé extravagant ». Il ne nous l'a pas envoyé dire : il l'a dit lui-même en pleine Sorbonne.

Puis il a criblé ce *préjugé extravagant* d'arguments dont les plus applaudis là ont été, comme de juste, ceux qu'il tirait de son exemple personnel.

Nous pourrions les négliger, en une discussion sérieuse et sur le conseil de leur auteur. N'a-t-il pas écrit jadis, en effet, au cours d'un débat sur la même question, que l'expérience personnelle en pareille matière « ne vaut peut-être que pour nous » et que les sortes de preuves qu'on en tire sont « peu convaincantes »?

Mais le légitime ascendant que le talent et la célébrité de M. Jules Lemaître exercent sur le grand public rend cette partie de sa démonstration fort redoutable. A l'heure présente, les pères de famille en sont tout émus, leurs fils tout gaillards et les professeurs d'humanités tout frémissants.

D'autre part, discuter directement ces arguments personnels serait le fait d'un fâcheux et qui n'aurait pas les rieurs pour lui.

Et, pourtant, il les faut écarter du débat, si on veut lui rendre la sérénité qui est nécessaire à son progrès et aller au fond des choses.

Comment faire?

Ah! si nous avions à opposer à M. Jules Lemaître quelque contradicteur d'une autorité presque égale à la sienne, par-devant le grand public! Voilà qui le ferait court. Mais ce contradicteur existe-t-il?...

Le voici, et c'est M. Jules Lemaitre lui-même.

Dans sa conférence de Sorbonne, désormais historique, M. Jules Lemaître a proféré ceci : « Je ne suis bon à rien qu'à écrire. Et cela même, je n'oserais jurer que c'est à mon latin que je le dois ; car ni vous ni moi n'avons la prétention d'écrire plus purement, après tout, que Louis Veuillot, qui n'avait suivi que les cours de la « mutuelle », ni que George Sand, qui n'avait pas « fait ses classes ». Alors ? »

Alors ? Voici.

Notre bonne étoile nous a fait mettre la main sur certain feuilleton des *Débats*, du 14 mai 1894, signé Jules Lemaitre, où nous lisons, et il en faut bien croire nos yeux : « Oui, pour ma part, *je suis persuadé* que, de savoir le latin, cela sert puissamment, je ne dis pas à écrire avec originalité ou avec éclat, mais à ne pas mal écrire en français. C'est mon latin qui m'assure une bonne syntaxe, qui me permet d'éviter les impropriétés, de garder aux mots leur vrai sens, de les fortifier quelquefois en les rapprochant de leur signification étymologique. *C'est encore à mon latin que je dois de comprendre les écrivains des trois derniers siècles*, de communiquer pleinement avec eux ; c'est à lui que je dois de ne pas prendre sérieusement pour un grand écrivain tel romancier à cent éditions, et, inversement, de ne pas croire aux solécismes que le digne Monselet découvrait dans Racine. Voilà, certes, des avantages.

« D'un autre côté, je vois que nos meilleurs écrivains avaient de fortes études latines. La démonstration n'est presque pas à faire pour ceux du XVIe siècle, du XVIIe et du XVIIIe. Vous m'objecterez les femmes, Mme de La Fayette et Mme de Sévginé (encore cette dernière avait-elle appris de Ménage un peu de latin) ; mais ces deux dames étaient nourries d'écrivains qui étaient eux-mêmes tout imprégnés de latinité. De même Jean-Jacques et, naguère, Louis Veuillot, etc... »

Conférencier, M. Jules Lemaître élevait hier en Sorbonne cette plainte sonore : « Et parce que j'ai passé douze ans de ma vie à apprendre le latin et le grec, je connais de plus en plus que je ne sais rien. J'ignore l'anglais, que parle la moitié du monde, et je sais si peu d'allemand que c'est pitié. Vous me direz qu'il ne tenait qu'à moi de les apprendre quand j'étais jeune ; mais est-ce ma faute si, comme presque tous les autres enfants, je ne disposais que d'une faculté de travail intellectuel limitée et médiocre, et *qui s'est trouvée absorbée tout entière par ces langues défuntes*, dont une tradition aveugle m'imposait l'étude et d'où je devais retirer si peu d'avantages ? »

Mais, critique, M. Jules Lemaître avait publié dans *les Débats*, quatre ans en çà, ce témoignage mémorable : « En résumé, si je sais le français, ou à peu près, c'est en grande partie parce que je sais le latin ; si je sais le latin, c'est parce que j'ai fait des vers latins et des dissertations latines ; et, si je n'ai jamais pu apprendre sérieusement l'anglais, ni l'allemand, ni beaucoup d'autres choses, *ce n'est point que le latin m'ait pris tout mon temps*, c'est que j'étais très paresseux. Tel est mon cas. *On ne peut, en ces matières, garantir que le sien.* Le manque de place m'a forcé d'étrangler ma petite argumentation. Si l'on y contredit, ce qui est probable, je la reprendrai avec plus de développement. »

Le développement est venu, mais il avait gauchi en route. C'est que M. Jules Lemaitre avait trouvé dans la question coloniale son chemin de Damas. Soit.

Néanmoins il était utile à la vérité, cette pointe subtile, de rapprocher pour le public l'un de l'autre ces deux examens de conscience.

Ils sont également sincères, sans doute, mais la netteté rassise du premier plaide contre la verve du second et laisse planer sur sa lucidité un léger doute, que toute l'éloquence de M. Jules Lemaitre n'a pas dissipé pour tout le monde.

N'est-il pas de bonne guerre de chercher à bénéficier publiquement de ce doute, quand on pense sur l'utilité du latin ce qu'en écrivait M. Jules Lemaitre, il y a quatre ans?

Et puis battre bien fort le sein de sa nourrice ne prouve rien contre la qualité du lait qu'on a sucé : au contraire.

Trêve donc d'arguments personnels. Ils ont le double défaut, quelle que soit la qualité de la personne, de risquer d'aigrir les questions, et toujours de les rétrécir, en les prenant de biais. Or celle-ci est bien assez litigieuse par elle-même, et évidemment assez générale, pour qu'on l'aborde de front, et qu'on essaie d'aider à sa solution par des faits assez amples pour être probants.

Tâchons-y maintenant.

Profession de foi sur l'enseignement moderne et ses sanctions.

Dans le précédent article, j'ai voulu écarter de la discussion les arguments personnels de M. Jules Lemaître. Si je l'ai mis en contradiction avec lui-même, prenant texte d'une de ses déclarations antérieures, ce n'était pas par malignité, comme d'autres l'ont pu faire *simultanément*, qui avaient eu vent, eux aussi, de ses variations d'opinion sur la matière. J'ignorais leur dessein, lorsque, dans mon coin, j'exécutai le mien qui était tout uniment de le faire court là-dessus, pour aller plus vite au fond des choses.

Depuis, à en croire une *interview*, M. Jules Lemaître se serait réclamé du droit de changer d'opinion, en dépouillant ses illusions, de *varier vers le mieux*, suivant un mot qui désarme et restera.

Inclinons-nous donc. Renonçons à clouer le brillant publiciste à ses propos, quitte à murmurer *in petto*, à l'occasion, la réplique de Benjamin Constant : « Ce que vous dites est si vrai que le contraire est parfaitement juste. »

Aujourd'hui, pour délimiter le champ du débat et prévenir toute équivoque aux yeux de certains de mes correspondants, je ferai une petite profession de foi.

Oui, je fus, il y a juste sept ans, un zélé promoteur, dans l'opinion universitaire, de ce que j'appelai, dans la *Revue Bleue : l'Essai loyal de l'Enseignement secondaire français ;* et je suis présentement ici, devant l'opinion publique, un zélé promoteur de ce que l'on commence à appeler : *l'Enseignement secondaire pratique.*

De celui-ci je suis, sans effort, un partisan aussi convaincu et aussi libéral que M. Jules Lemaître ; et j'en administre la preuve tout de suite.

L'avisé directeur de la *Correspondance universitaire*, M. Ollivier Billaz, m'adresse trois questions, auxquelles je vais répondre sur-le-champ, en bref, sauf à expliquer mes réponses ultérieurement.

Quelle est, m'écrit-il, *votre opinion : 1° Sur l'égalité de sanction entre les deux enseignements?*

Mon opinion est qu'il doit y avoir égalité de sanction *initiale*, c'est-à-dire accès pour les diplômés de l'enseignement moderne à l'Ecole de droit et même à l'Ecole de médecine. Ouvrons la carrière : à chacun de la courir suivant ses moyens. C'est la vie qui classe, c'est la pratique qui se charge de l'inégalité des sanctions.

2° Sur la réduction à quatre ans de l'enseignement moderne ?

Mon opinion est que l'objet de l'enseignement moderne peut être rempli en quatre ans, avec des professeurs bien et dûment dressés pour cet objet.

3° *Sur la création d'une Ecole normale supérieure d'enseignement moderne?*

Mon opinion est que cette création, — ainsi que celle d'une agrégation de l'enseignement moderne, — s'impose, provisoirement du moins, comme le corollaire d'une organisation sérieuse de cet enseignement ; l'une et l'autre ne devant d'ailleurs être accessibles qu'à des licenciés ès lettres.

Voilà qui est net, je pense. Mais, tout partisan que je sois de l'enseignement moderne, je n'ai jamais cru qu'il fallût l'élever sur les ruines du classique. Je suis convaincu que les humanités *gréco-latines-françaises* sont absolument nécessaires à l'entraînement des facultés intellectuelles d'une élite, et que c'est miracle si quelque homme d'esprit supérieur a pu se former sans elles. L'autodidacte Rousseau apprit le latin comme le reste, et j'ai prouvé jadis que Beaumarchais avait fait de même. Je reviendrai là-dessus, s'il le faut.

Mais, si persuadé que je sois de l'excellence éducatrice des humanités classiques, je ne le suis pas moins des fâcheuses disconvenances qui sont entre elles et les aptitudes ou l'orientation future des trois quarts de la clientèle de nos lycées et collèges : — je dis *les trois quarts* et non *les neuf dixièmes*, comme dit et répète

M. Jules Lemaître; ce qui est d'importance —.

J'ai bien été forcé d'observer, — et combien de mes collègues comme moi! — que pour les trois quarts environ de nos lycéens la culture classique est trop intensive.

Certes elle ne les stérilise pas nécessairement, mais elle les surmène d'abord et les fait glisser ensuite à une paresse qui ne les sauve du surmenage que par une abdication de leur intelligence, souvent incurable, toujours rancunière. Voilà pourquoi le lycée, quand il s'ouvre enfin sur la vie, y verse un contingent notable de déclassés et de réfractaires.

Je ressentais aussi vivement que n'importe qui la tristesse et le danger de ce déchet social: aussi me suis-je passionné depuis longtemps pour son remède probable, qui est l'enseignement moderne.

Oui, il existe une gymnastique mieux appropriée que le grec et le latin à l'entraînement des facultés intellectuelles chez les natures moyennes, et c'est l'étude incomparablement plus facile du français et des langues vivantes.

Aussi, à tout père de famille qui me fait l'honneur de me demander sur laquelle des deux voies il doit aiguiller son fils, je tiens invariablement le petit discours suivant en guise de consultation : « Cher Monsieur, si votre enfant vous parait avoir une intelligence tout à fait extraordinaire, et surtout si ses maitres sincèrement consultés, car vous êtes un juge suspect, vous, partagent votre avis, risquez-le dans l'enseignement secondaire ancien. Mais... » etc. : on a vu plus haut[1] la suite, qui fut *ne varietur* à chaque occasion.

Il est même arrivé que ces propos ne tombassent pas dans l'oreille d'un sourd.

En les tenant, j'avais du moins et j'ai encore l'honneur de professer à peu près sur ce côté de la question l'opinion actuelle de M. Jules Lemaitre. J'en suis donc plus à l'aise pour me séparer de lui, en conscience, quand il tourne contre l'enseignement classique l'arme redoutable de son atticisme. Il me semble voir, soyons classique, Alcibiade dans le camp de Sparte.

M. Jules Lemaître a bien fait remarquer, çà et là, en passant, que cet enseignement classique était nécessaire à la haute culture.

Mais il a passé si vite là-dessus, et, après ces fugitives déclarations d'estime, ce maître ironiste a déprécié ce même enseignement avec une telle insistance, il a réduit si cavalièrement le latin *à quia*, il a refusé au grec, avec une désinvolture si triomphante, l'hon-

[1] P. 67-68.

neur de la discussion, qu'on ne voit plus bien pourquoi les candidats à la haute culture iraient à pareille école.

Pour les simplistes, — et c'est l'immense majorité, hélas ! en l'espèce, —cette partie de la prestigieuse argumentation de M. Jules Lemaître tient en ces trois propositions :

1° L'enseignement latin est « une condition de la haute culture » ;

2° Au reste, personnellement, « le bénéfice du latin m'échappe » ;

3° Quand j'ai fait profession, jadis, de lui devoir quelque chose, notamment de « savoir le français » et de « comprendre les écrivains des trois derniers siècles », je reconnais aujourd'hui et j'affirme, de toutes mes forces, que j'étais la dupe d'une « illusion ».

En foi de quoi, M. jules Lemaître continue de diriger contre l'enseignement classique actuel des critiques dont les unes sont surannées et les autres fort exagérées, mais qui auraient les plus graves conséquences pour l'esprit public, si on l'en croyait, dans les familles et au Parlement.

Je vais donc essayer de remettre un peu les choses au point. Je pense d'ailleurs que je ne serai pas seul à besogner publiquement en ce sens. Sinon, pauvre de moi !

Je me donnerai ensuite le plaisir et l'honneur de montrer que je suis, à quelques détails près, d'un avis identique à celui de M. Jules Lemaitre sur le reste, comme je me suis trouvé être de cet avis longtemps avant qu'il n'y vînt, et alors certes qu'il n'était guère de mode d'en être.

M. Fouillée et le grec. Louis Veuillot, George Sand et le latin.

On me communique la lettre suivante :

« Monsieur le directeur,

« Dans son intéressant et très judicieux article sur l'enseignement classique, M. Albert Petit m'a représenté comme sacrifiant entièrement le grec ; je retrouve la même affirmation dans un article, d'ailleurs excellent, de M. Lintilhac, publié par *le Journal*, en faveur des études classiques. Enfin le *Voltaire* et d'autres journaux mettent en avant mon nom parmi les partisans de l'enseignement moderne et parmi les adversaires du baccalauréat. Ce sont là de graves erreurs, que je vous demande la permission de rectifier.

« Je n'ai pas, comme on le prétend, « décrété la

mort du grec sans phrases, » j'ai simplement dit que, si le latin est la base « intangible » de toute vraie éducation classique et libérale, il n'en est pas de même du grec, qui n'est point nécessaire pour tous et peut être réduit, pour la plupart, à une étude d'une heure par semaine. Quant au latin, langue mère de la nôtre, langue nationale et internationale tout ensemble, il doit demeurer obligatoire pour tous. Les nations étrangères maintiennent avec un soin jaloux les études classiques. Depuis nombre d'années, l'Amérique les répand et les favorise par tous les moyens, comprenant ainsi mieux que nous la bonne politique démocratique. En donnant aux nations étrangères l'exemple d'abandonner le latin, initiation toute naturelle au français pour les étrangers eux-mêmes, la France prononcerait sa propre déchéance.

« Mais la manière dont on enseigne aujourd'hui le latin est fautive. Au lieu de classes interminables de grammaire latine et grecque, on peut se contenter désormais de deux classes de deux heures par semaine, en proscrivant l'abus de la grammaire, de la philologie, de la métrique, en donnant la première place à la version et à l'explication des auteurs. Deux versions par semaine sont suffisantes et constituent, tout en assouplissant l'esprit, le meilleur moyen d'apprendre le français même.

« Il resterait ainsi, pour les sciences, un nombre de classes plus que suffisant. En outre on aurait de la place pour instituer, dans toutes les classes, des cours d'instruction morale, civique et économique. La classe de philosophie, consacrée à la philosophie générale, à la psychologie, à la morale et à la sociologie, serait obligatoire pour tous les élèves, *sans exception*, et une dissertation philosophique serait exigée à *tous* les baccalauréats.

« Ce plan bien simple aurait l'avantage de rendre désormais inutile toute contrefaçon d'enseignement classique sous le nom trompeur d'enseignement moderne. Il permettrait de changer ce dernier en un *enseignement scientifique pratique*, en vue des besoins industriels, commerciaux, agricoles et coloniaux.

« Plus de doubles emplois, plus de division de l'enseignement contre lui-même. Une seule forte éducation *littéraire*, *scientifique* et *philosophique*, avec quelques variantes secondaires, constituerait la préparation à toutes les fonctions libérales, aux grandes écoles, à la médecine, au droit, au professorat.

« Telles sont les opinions que j'ai soutenues. Je suis donc bien loin d'être favorable à l'enseignement dit moderne, aux baccalauréats dont il réclame l'accès et à l'invasion qu'il médite des fonctions libérales, droit, médecine, etc.

« J'ai fait voir, dans la *Revue politique et parlementaire*, que la progression des candidats au baccalauréat *moderne* devient effrayante : 1.337 en 1892, et 3.433 en 1897. La maladie du diplôme a gagné les élèves des écoles primaires, ceux des frères et des autres congrégations, qui, profitant de ce que le nouvel enseignement sans latin est tout à fait à leur portée, font une concurrence croissante à l'Université. On sait que le succès à l'examen est la grande et unique préoccupation des établissements libres. Tous ces bacheliers nouveaux, que l'on prétendait voués à l'industrie et au commerce, trouvant là comme partout les places remplies, demandent à grands cris des « débouchés » ; traduisez : l'accès du droit et de la médecine, déjà encombrés, l'accès des administrations et du fonctionnarisme, non moins encombrés et encombrants.

« L'enseignement moderne, dévié de sa vraie destination, sert ainsi à augmenter le mal que ses créateurs avaient la prétention de guérir. Il n'a pas peu contribué à la « crise de l'Université », à l'affaiblissement contagieux des études, à l'augmentation finale du « prolétariat intellectuel ». Toutes les fois que l'Université se verra imposer par les politiciens un abaissement quelconque du niveau de l'instruction secondaire, elle s'apercevra bientôt qu'on a travaillé, sans le vouloir, en faveur de ses propres ennemis, et que les représentants du républicanisme le plus radical se sont faits les collaborateurs inconscients de la « réaction » sur laquelle ils ne cessent de gémir. Leurs prétendues mesures démocratiques se retournent contre la démocratie : *sic vos non vobis.*

« Tout ce qui sera fait contre l'enseignement classique et contre les études latines sera fait contre la France et contre l'Université, au profit des ennemis de la France et des rivaux ou adversaires de l'Université. Plus, au contraire, les études classiques seront maintenues haut, plus elles auront de valeur littéraire et surtout de portée philosophique, et mieux elles assureront, avec l'influence internationale de notre pays, de notre littérature, de notre philosophie, de notre sociologie, la prééminence nationale de l'Université de France, grand rempart du libéralisme et des idées républicaines.

« On ne saurait donc, tout en poursuivant des buts pratiques, trop réagir contre l'esprit d'utilitarisme dont font preuve les adversaires des études classiques, quand ils demandent, par exemple, avec M. Jules Lemaître, s'il est nécessaire de savoir du latin pour étudier le Code ou pour pratiquer la médecine et la chirurgie ! Raisonnement qui amènerait à supprimer l'histoire comme inutile aux médecins et les sciences comme inutiles aux avocats.

« Tant que l'enseignement moderne se posera en concurrent du classique, tant que, avec un an de moins et des études plus faciles, il réclamera injustement « l'égalité » ; tant qu'il s'érigera en préparateur rival aux fonctions libérales et aux grandes Ecoles, en aspirant fournisseur des Facultés de médecine et de droit, en fabricant de bacheliers au rabais et de fonctionnaires superflus, tous ceux qui ont souci des grands intérêts de la nation devront le repousser comme antinational. Qu'il renonce à tout baccalauréat, qu'il cesse de singer le classique, d'étudier en français Homère et Sophocle, qu'il se réduise à quatre ou cinq années, qu'il se tourne exclusivement et définitivement vers l'industrie, le commerce, l'agriculture, les besoins coloniaux, c'est là son unique raison d'être, son digne moyen de servir la nation à sa manière et dans son domaine propre, au lieu de contribuer à la ruine des hautes études libérales et, par cela même, de l'influence française.

« Veuillez agréer, Monsieur le directeur, l'expression de ma haute considération.

« ALFRED FOUILLÉE,
« Membre de l'Institut. »

Me voilà tout heureux et tout aise de constater que M. Alfred Fouillée « ne sacrifie pas entièrement le grec ». Quand je lui ai attribué ce dessein, au passage, je n'avais pu que parcourir la magistrale étude qu'il venait de publier sur la *Réforme de l'Enseignement classique et moderne*. J'avais été particulièrement surpris et trop frappé de ces deux lignes (p. 519) dans la *Revue politique et parlementaire :* « Nous ne pouvons donc pas considérer le grec comme un élément *essentiel et perpétuel* de tout enseignement libéral... » Le contexte modifiait cette déclaration dans le sens que précise aujourd'hui l'éminent philosophe et qui est à peu près le mien.

Sur ses autres idées touchant le *Problème de l'Enseignement secondaire*, j'aurai l'occasion de m'expliquer ultérieurement et le plaisir de me rencontrer très souvent avec lui.

Je prévois aussi celui de me trouver d'accord avec M. Jules Lemaître beaucoup plus tôt que je n'espérais, puisqu'il accorde, dans son dernier article (*Figaro*, 23 juin), qu'il y a lieu de réserver l'enseignement classique non pas seulement *au dixième* de la clientèle actuelle de nos lycées, comme il l'avait dit cinq à six fois, mais *au quart* de cette même clientèle, comme je le demandais.

Mais revenons à nos dissidences, à propos desquelles je reçois l'intéressante lettre que voici, dont je remercie l'auteur, et que je publie de confiance, en attendant que j'aie pu me procurer la *Revue du Lyonnais* :

Lyon, le 23 juin 1898.

« MONSIEUR,

« J'ai lu, avec le plus sympathique intérêt, vos remarquables articles sur le *Problème de l'Ensei-*

gnement secondaire. Il y aurait peut-être une légende à détruire au sujet de M. Louis Veuillot, dont il a beaucoup été question dans cette polémique.

« La *Revue du Lyonnais* a publié pendant l'année 1897 des *Lettres écrites de l'Ecole normale*, par M. Henri Hignard, mort en décembre 1893, et qui a fourni, à Lyon, une brillante carrière comme professeur de rhétorique au lycée, puis de littérature latine à la Faculté des lettres. Or voici ce qu'il écrivait à sa famille, le 21 juillet 1840 :

« Je fais toutes sortes de bonnes connaissances, « bientôt je n'y suffirai plus. Une des plus récentes « et des plus chères est M. Louis Veuillot, employé « au ministère de l'Intérieur et auteur de plusieurs « ouvrages charmants. Je le vois chez lui, *et nous « faisons du latin ensemble.* »

« Le remarquable écrivain que fut M. Louis Veuillot ne serait donc pas sorti uniquement des cours de la « mutuelle ». Les leçons qu'il prenait du jeune et distingué normalien pourraient bien avoir été pour quelque chose dans le développement de son talent.

« Agréez, etc.

« ERNEST LAPAIRE. »

Et des deux exemples de maîtres écrivains formés sans le latin que choisit M. Jules Lemaître à l'appui de sa thèse, voici l'un qui me semble par terre.

Quant à George Sand, qui était l'autre, ne conte-t-elle pas, dans l'*Histoire de ma vie*, qu'elle avait été élevée comme un garçon, un peu de latin compris, par l'ancien précepteur de son père, cet original de Deschartres? Au reste elle a multiplié devant témoins (MM. Gaston Boissier, Armand Silvestre) ses doléances sur son ignorance relative du latin et ses tourments infinis, qui en étaient la suite, dans l'expression des idées générales où elle se sentait incapable d'atteindre à la propriété des termes[1]. Alors?

Pour le grec.

AVANT de faire à l'enseignement moderne sa part, — et l'on sait déjà combien grande nous la voulons, — un dernier mot sur l'enseignement classique. Aussi bien celui-ci, depuis les deux derniers articles de M. Jules Lemaître

[1] Voir aussi la curieuse et décisive anecdote rapportée par M. Alfred Fouillée (*les Etudes classiques et la Démocratie*, p. 19), sur le nettoyage nécessaire de la *copie* de George Sand, dans le bureau de la *Revue des Deux Mondes*.

(*Figaro*, 23 et 30 juin), a moins besoin que l'on plaide sa juste cause.

Cependant, un avis à bon entendeur. Les détracteurs de l'enseignement universitaire ont beau jeu dans la presse.

De toutes nos Institutions, l'Université est peut-être celle dont le fonctionnement est le moins connu du grand public.

Ce dernier a pour les choses de l'armée, de la marine, des colonies, même de la magistrature, de l'assistance publique, du clergé, une curiosité soutenue, que des rubriques spéciales dans les grands journaux aiguisent et nourrissent périodiquement. Mais ce même public n'est curieux que par accès de savoir comment fonctionne la machine universitaire, la machine à frapper les âmes à l'effigie de la France.

Son ignorance courante là-dessus serait comique, si elle n'était parfois si dangereuse. Le cas de M. de Cumont demandant à visiter les dortoirs du Collège de France n'est pas isolé. Alors que M. Gaston Boissier était directeur de cette « maison bâtie en hommes », il reçut un jour une lettre d'une dame lui demandant quel était, dans son collège, le prix de la pension pour les petits. Le spirituel académicien répondit à la bonne dame que son collège ne recevait que des grands. Et de rire.

Mais les universitaires ne rient plus, quand cette ignorance générale à leur endroit conduit, par exemple, un rapporteur du budget à rédiger contre eux, de bonne foi d'ailleurs, un véritable pamphlet, en guise de rapport.

Ce qui est plus grave encore et les trouve moins stoïques, c'est quand les détracteurs de l'enseignement universitaire semblent parler à bon escient : tel M. Jules Lemaître.

Il y a dix-sept ans bien comptés que le séduisant auteur des *Opinions à répandre* a quitté l'enseignement secondaire, pour le plus grand honneur des lettres françaises, d'ailleurs. Or, en ces dix-sept ans, il s'est accompli, dans l'enseignement des humanités, des modifications qui ne sont pas si « tâtonnantes et contradictoires ». On lui en a fait accroire là-dessus. C'est son excuse pour n'y voir que « surcharges et maquillage ».

Pour préciser, je prends un exemple ; et, pour faire la partie belle à mon illustre contradicteur, je le prends hardi.

J'oserai défendre contre lui ce grec dont il s'est borné à dire : « Ne parlons pas du grec, qui, même dans l'enseignement supérieur, n'est très bien su que de quelques spécialistes. »

Cette manière de constater la mort du grec sans phrases, —

> Les gens que vous tuez se portent assez bien !

comme vous allez voir, — me rappelait ce mot qui court d'un autre de ses croque-morts, je ne sais lequel d'ailleurs : « Le grec n'est pas une langue morte, c'est une langue crevée. »

« Ne parlons pas du grec ! » Mais si ! Mais si ! Parlons-en un peu, je vous prie. Vous revenez d'Athènes, respectez les dieux.

Nous sommes plus d'un à estimer, comme le regretté Charles Bigot, que la valeur éducative des humanités grecques, — en vue de la « haute culture », bien entendu, — est supérieure à celle du latin.

Cela, M. Jules Lemaître ne l'accordera pas aisément, je le crains, puisqu'il vient de déclarer que, si sa dette envers les Latins était négligeable, elle l'était encore plus envers « Sophocle et Platon, ou ce délicieux Euripide, qui ne lui plaît tant que parce que cela l'amuse de découvrir en lui le dilettantisme moderne ». Eh mais ! Il n'est déjà pas si vain de prendre les Grecs de ce biais. Lire l'*Hélène* d'Euripide, avec cette préoccupation de *modernisme*, cela sert au moins, en y ajoutant d'ail-

leurs beaucoup de talent, à écrire la *Bonne Hélène*.

Mais ce n'est pas pour *amuser* que l'Université persiste à enseigner du grec dans ses collèges. — Mais elle ne l'enseigne pas ! se récrie M. Jules Lemaître, puisque ses professeurs « ne savent pas très bien le grec ».

Il ne s'agit pas pour eux de savoir le grec comme MM. Jules Girard, Alfred et Maurice Croiset, H. Weil, Tournier, Homolle, etc..., un gros *et cetera*. Ils sont à la hauteur de leur tâche, s'ils savent assez de grec pour déchiffrer patiemment, chez eux, avec le dictionnaire et le secours des éditions dites savantes, le sens complet de l'ouvrage qu'ils aident ensuite leurs élèves à mettre en clair pendant la classe. Or, ce savoir, ils l'ont, et au delà.

M. Jules Lemaitre se plaint de ne pouvoir « atteindre l'œuvre antique d'une vue directe ». Je crois pouvoir lui affirmer que, dans ce cas, un bon quart de nos rhétoriciens actuels est plus heureux que lui, et qu'ils arrivent à un certain moment de l'année à voir les beautés originales d'un texte, même grec, sans brouillard.

C'est là un fait, et capital : j'insiste.

Je dis que l'éminent académicien le peut vérifier aisément, en pénétrant dans une rhétorique, précisément à cette époque-ci.

Supposons que le professeur ait choisi pour être l'objet de ses explications, dans la classe de grec, une tragédie de Sophocle, *Œdipe Roi* ou *Antigone*, par exemple.

Vers Pâques, l'explication de la tragédie, vers par vers, était terminée. Depuis, le professeur, s'il sait son métier, a fait repasser l'explication du premier semestre. A l'heure actuelle, le texte d'*Œdipe Roi* ou d'*Antigone* apparaît à un bon quart de sa rhétorique, — au quart à conserver dans le lycée classique! — débarrassé de toutes ses broussailles grammaticales, suffisamment éclairé de commentaires esthétiques et moraux, dans sa nudité rayonnante.

Afin de continuer à faire la partie belle à M. Jules Lemaître, je n'insisterai pas ici sur le bénéfice pour nos rhétoriciens de l'incomparable gymnastique que leur fut ce déchiffrement du texte de Sophocle, — car, ici, pour l'esprit, déchiffrement c'est défrichement — je m'en tiendrai au bénéfice esthétique, le plus difficile à démontrer.

Je dis que l'élite de nos rhétoriciens, arrivée là, dans son explication du texte grec, a goûté réellement, quitte à la mieux savourer plus tard, cette joie suprême de l'esprit que Gœthe estimait nécessaire à son hygiène, au moins une fois par an, et qu'il appelait le *contact avec la perfection* [1].

Or voilà, — et M. Jules Lemaître le sait bien, — ce que le latin ne peut procurer à un degré équivalent. Ses plus grandes beautés, près de ces miraculeuses réussites de l'esprit hu-

[1] C'est à propos du *Tartuffe* que Gœthe employait cette expression. Certes elle était juste dans l'espèce, mais elle l'est encore plus quand elle s'applique aux chefs-d'œuvre grecs.

Or, nous avons eu la satisfaction d'entendre le ministre de l'Instruction publique se faire, en une occasion solennelle, l'écho de nos sentiments là-dessus, et avec des *distinguos* qui ne sont pas pour nous embarrasser, bien au contraire. Qu'on en juge : « On a dit éloquemment de la connaissance de la beauté grecque que c'était le « contact avec la perfection »; il suffit d'avoir vu, même sous le triste ciel de Londres, les fragments du Parthénon, d'avoir entendu, même sur notre théâtre, la tragégie d'*Œdipe Roi*, pour avoir connu ce frisson divin. Mais si Phidias ou Sophocle ont pu communiquer aux hommes cette émotion qui naît du sentiment qu'une œuvre est parfaite, qu'un idéal est réalisé, c'est que cette œuvre était née du génie même de leur sol et de leur race, c'est qu'elle était comme éparse autour d'eux dans la nature et dans les hommes, où leur libre observation en a d'elle-même, spontanément, rassemblé les traits.

« Inspirons-nous du monde antique, non en cherchant à en imiter les œuvres, mais en pénétrant les causes qui lui ont permis de les créer. C'est le ciel pur de l'Attique, la ligne harmonieuse et nette de ses montagnes, le bleu profond de ses golfes, les muscles souples des vainqueurs olympiques; c'est la vie libre de l'*Agora*, le bruit des armes de Marathon, la terreur sacrée du Des-

main que furent les radieux chefs-d'œuvre grecs, ne sont que des clairs de lune.

M. Jules Lemaître croit avoir observé jadis, en sa chaire de rhétorique, au cours des explications grecques et latines, que « la lecture chaudement commentée d'une simple traduc-

tin, l'espoir en la protection d'Athéné que nous disent également les vers du poète ou les marbres de Phidias.

« Il y a dans le ciel fin et changeant de notre France, dans la fraîcheur de ses forêts et de ses vallées, dans la douceur de ses plaines et dans l'âpreté de ses granits, assez de conseils de beauté; il y a dans les tumultes de ses révolutions, dans les splendeurs de ses victoires, dans les héroïsmes de ses épreuves, assez de sources de noble émotion pour inspirer dans l'avenir, comme tant de fois ils l'ont été dans le passé, les orateurs, les poètes et les artistes.

« C'est la libre inspiration de leur temps et de leur milieu qui a fait les créateurs de l'art et de la pensée antique. Pourquoi la libre inspiration du monde nouveau serait-elle plus inféconde ?

« C'est là réellement ce que vous avez pensé, en laissant jaillir les deux sources voisines où viennent puiser ces jeunes gens.

« Il ne s'agit pas de laisser oublier aux hommes la représentation merveilleuse que le monde antique nous a donnée de lui-même; il s'agit de permettre au monde moderne de chercher à son tour à se concevoir et à s'exprimer... » (*Discours prononcé par M. Léon Bourgeois, ministre de l'Instruction publique, à la distribution des prix du Concours général*, 29 *juillet* 1898.)

De ces éloquentes paroles, en est-il une qui contredise ce que nous avons voulu dire ici, et toutes ne le renforcent-elles pas singulièrement ? Nous en appelons au lecteur attentif, aux pères de famille, pour lesquels nous avons pris la plume.

tion eût mieux valu pour les élèves ». En partant de là, on arrivera à dire, comme l'a fait, parait-il, certain professeur « moderne », — j'en ai M. Fouillée pour garant, — que « l'examen d'*Antigone* demande une demi-heure, et l'*Iliade* un peu plus de temps ». A la bonne heure ! Et voilà des gaillards qui iront vite en besogne :

Je regarde venir les grands barbares blancs !

Soyons sérieux. J'accorde à M. Jules Lemaître qu'un professeur comme lui, dont la chaleur irait jusqu'à l'éloquence, pourrait arriver à faire entrevoir à ses élèves, à l'aide de traductions commentées de sa façon, ce qu'il y a de général et d'humain, de vertu laïque et de raison pratique dans les lettres latines, ce qui a fait des écrivains et philosophes de Rome, — quoi qu'aient hasardé là-contre Bastiat et ses émules, — les précepteurs du monde dont ses soldats avaient été les vainqueurs.

Mais l'hellénisme est d'une essence plus subtile et qui s'évapore, à la transvaser seulement. Il y a là un autre fait dont la démonstration détaillée ne serait pas ici de mise[1].

[1] On en trouvera des échantillons dans la *Première partie* de cette brochure ci-dessus, p. 45 et suiv.

Au reste, il est du domaine de ces vérités ardues auxquelles il est si difficile de donner l'évidence vulgaire que cette difficulté même est l'excuse de ceux qui les contestent. Mais ne peut-on y acheminer le public par une de ces démonstrations allégoriques que comportent les vérités de cet ordre, depuis ce pauvre Platon ?

Essayons de ce raccourci.

Nous comparerions volontiers la beauté des chefs-d'œuvre de la littérature grecque à celle d'une statue parfaite, cachée dans un sanctuaire inviolable.

On n'y a accès qu'en forgeant soi-même la clé de l'unique porte. Cette clé, on la fait fabriquer péniblement à l'élite des lycéens, dès les classes de grammaire. Le premier profit de cet exercice, c'est qu'en forgeant ils deviennent forgerons, et à toutes fins.

Puis, vers la fin de chaque année, dans les classes d'humanités, les disciples studieux et doués ont leurs entrées dans le sanctuaire. On les y guide alors. On les y met face à face avec l'emblème de la beauté classique, celle dont on peut dire, avec le poète, symboliquement :

Comme dans une lampe une flamme fidèle,
Au fond du Parthénon, le marbre inhabité
Garde de Phidias la mémoire éternelle;
Et la jeune Vénus, fille de Praxitèle,
Sourit encor debout dans sa divinité
Aux siècles impuissants qu'a vaincus sa beauté.

Le maître cherche alors à élever les plus privilégiés de son chœur d'initiés jusqu'à l'extase esthétique dont parle encore ce divin Platon. Il fait pénétrer par leur esprit, dans leur cœur, les effluves de la vivifiante beauté. Puis le charme opère, et la meilleure partie de l'éducation est faite.

En effet l'homme qui a eu cette vision, même courte, en retient un impérissable souvenir[1]. Il a dès lors le sentiment du beau, en un coin du cœur et qui le parfume à jamais. Il y puisera des noblesses et des forces particulières. Il en rehaussera, à part lui, bien des vulgarités de la vie moderne, sans perdre, pour cela, le sens de ses nécessaires réalités, bien au contraire.

De même le touriste qui, s'étant bien

[1] Nous sommes particulièrement heureux de retrouver la même assertion, qui est une observation, sous la plume de M. Alfred Croiset, dans une attique et pratique définition du rôle du grec dans l'enseignement classique (*Revue international de l'Enseignement*, 15 septembre 1898).

préparé aux pèlerinages classiques, vient de contempler, au musée actuel d'Olympie, l'Hermès de Praxitèle, n'en sort pas tel qu'il y était entré. Il y a quelque chose de changé en lui désormais. Non, il ne redescend pas de l'Acropole d'Athènes tel qu'il y était monté :

Dans l'ombre de la plaine, un rayon le suivra.

Un proverbe arabe, vantant les suggestions de la nature orientale, dit que ce n'est jamais en vain qu'on a erré sous les palmiers; ce n'est jamais en vain, non plus, qu'on a pénétré dans le sanctuaire de la beauté grecque. On emporte de là, dans le cœur et même sur la face, un reflet de son incomparable rayonnement.

Ce n'est pas de la rhétorique, cela; ce n'est pas non plus un argument personnel : c'est un fait, et général.

Niera-t-on la nécessité pour une élite de cette contemplation du « miracle grec » ? Alors il faudra nier aussi que ces trois choses se tiennent et s'engendrent : le Beau splendeur du Vrai, cime du bien; — « ma Trinité », disait Diderot. — Périssent les colonies plutôt que ce principe.

Cette alternative n'est pas pour rire, au moins ! Laissez faire les virtuoses, les outranciers et les *snobs* de l'utilitarisme, et vous verrez.

Les humanités et les Anglo-Saxons.

M. Chailley-Bert vient de publier une brochure intitulée : *l'Education et les Colonies*, que tout père de famille et tout aspirant colon devra avoir méditée, tant y abondent les conseils pratiques sur la matière.

Mais, parmi tant de vues nettes qui s'y trouvent, je dois relever celle-ci, qui me parait trouble : « Je n'accuse pas l'enseignement secondaire de ne pas préparer (*pratiquement*) aux besognes de la vie... Non! ce que je reproche à l'enseignement secondaire, quel qu'il soit, classique ou moderne, c'est de ne pas nous acheminer aux besognes de la vie, de ne pas nous incliner doucement vers elles, de nous éloigner d'elles, de nous élever au-dessus d'elles, de nous laisser croire que nous sommes supérieurs à elles... Celui qui, une fois, aura frissonné à dire et redire ces adorables lieux communs : *Per amica silentia lunæ... Sunt lacrymæ rerum... Suave mari magno turbantibus æquora ventis...*, et cent autres, celui-là appartient à une humanité hors de la vie, que l'humilité des besognes entrevues, je ne dis pas humilie, mais dégoûte... Il leur (*l'enseignement secondaire à ses élèves*) a donné une conception fausse de la vie et de ses besognes ; il les a mis, sinon toujours au dessus, du moins presque toujours à côté de la vie. » Et voilà ce qui fait que votre fils est un mauvais colon.

Sérieusement, la remarque ne subsiste que pour ces médiocres élèves de l'enseignement classique, les trois quarts environ, dont il le faut purger.

Bien donné, — et il l'est dans nos lycées, — bien reçu, — et il l'est par un bon quart de leur clientèle actuelle, — l'enseignement classique procure à l'esprit une finesse et une trempe, un sens délié des réalités pratiques et une conception de l'humanité et de la société tels que rien n'achemine mieux aux besognes de la vie et n'y *incline* plus doucement l'*automate*, selon l'expression de Pascal.

Non, bien enseignées et bien comprises, les humanités n'anoblissent pas ridiculement leurs disciples, mais elles ennoblissent les besognes de la vie, à leurs yeux habitués à chercher le sens moral et la fin des choses. « Nous ne sommes pas assez pénétrés de la dignité vraie de l'action, même modeste, quand elle est dirigée par l'intelligence et relevée par le caractère, » vient d'objecter excellemment aux utilitaires le président de la *Société pour l'étude des questions de l'Enseignement secondaire*, M. Alfred Croiset. C'est de là qu'il faut nous relever, non de l'abaissement des humanités.

Mais disserter là-dessus serait sans fin. Appuyons nos dires sur des exemples, et, pour qu'ils soient à la mode, prenons-les chez les Anglo-Saxons. Ils détiennent, ce dit-on, le record de la supériorité, et leurs qualités seraient, à en croire leurs prôneurs, et de par leur éducation, précisément celles dont nos chers *coloniaux* croient constater chez nous l'absence ou le dépérissement.

Or à l'exemple que nous contait hier, exquisement, M. Anatole France, de son ami le *scholar* de Cambridge, qui vient de partir gouverner l'Ouganda, en emportant un Sophocle dans sa valise, je vais en joindre un autre plus modeste, mais qui a son prix, plus vieux, mais qui n'en est que plus probant. Je l'emprunte à mon expérience personnelle, de laquelle je n'ai pas abusé et n'userai nommément que cette fois.

Il y a quelque vingt-cinq ans, au sortir du collège, je peinais dans ces *chemins de traverse* de l'enseignement libre dont parle Jules Janin, — à bon escient, y ayant passé. — Je préparais au baccalauréat, à celui ès sciences surtout, qui était alors le plus *alimentaire*, soit dit à titre de document. — On en voit bien la raison. Tout apprenti professeur se peut improviser marchand de latin dans « les boites », les traductions aidant ; mais pour les sciences, dame ! il en faut tout de même savoir un peu plus, sinon l'élève a tôt fait de vous *coller*, et même sans y chercher trop de malice : or il y cherche toujours malice. Pour moi, j'en savais par bonheur assez pour en vivre sans me faire trop *coller*, ayant pu pousser leur étude assez loin par-delà le baccalauréat, *nonobstant grec et latin :* cela dit, toujours en vue du document.

Or, parmi mes élèves, j'avais, dans une institution du quartier des Champs-Elysées, un jeune Anglais qui m'était fort sympathique, de mon âge d'ailleurs, venu là comme nous n'allons pas en Angleterre. Il passa aisément, en Sorbonne, son baccalauréat ès sciences, le latin compris, dont il se démêlait fort proprement, je vous assure, et avec un suffisant frisson du beau au *Tacitæ per amica silentia lunæ*. Le diplôme cueilli, il vint me faire ses adieux èt remerciements : « Je suis bien content, — fit mon Anglo-Saxon avec humour, en me donnant le *shake hand* en coup de pompe, de la sortie, — bien content, vraiment, d'avoir ma pacotille de tête, car, maintenant, je n'ai plus qu'à acheter l'autre et à partir avec aux colonies, pour y faire fortune. »

Faire fortune? me disais-je sur ses talons. Pourtant il était élevé, le prix de la pension, en son institution! Je demandai la clé de ce propos énigmatique au chef de cet établissement libre. « Ah! me dit-il, il parlait à l'anglaise. Il va, en effet, aux îles Sandwich, où il a déjà un frère; mais il part avec 200.000 francs en poche. »

Moralité : je trouvai cela très bien d'abord, car je venais justement de faire un petit tour aux Antilles, où j'avais pu constater que la vie n'était facile, sous le tropique, ni de jour, ni de nuit surtout. Ah! les vilaines bêtes que les moustiques de là-bas, et *les bêtes à mille pattes* et autres à deux, pour ne parler que de cela. Puis je songeai, avec une sorte d'amertume égale à celle qui honore nos coloniaux, à tant de beaux fils de nos chefs-lieux de sous-préfecture du Midi et même du Nord, pour qui 200.000 francs hérités ou épousés sont, en ces pays de Cocagne, le droit à la paresse et à la considération, qui font figure de jeunesse dorée au café le jour, au cercle le soir, avec pêche, chasse et le reste dans les intervalles, jusqu'à l'accidentel, mais assez fréquent achèvement du saint frusquin ou de la dot. Après quoi le déclassement ou la course sans vergogne aux menues fonctions budgétivores, salaire coutumier des caporaux électoraux.

Brave petit colon des iles Sandwich, va! Et il avait tenu, avant de partir, à être bachelier! Un Anglais! Son diplôme, assurément, ne lui devait jamais servir que d'un inutile ornement, mais il aimait le signe pour la chose signifiée, et je parie que celle-ci ne lui a pas nui. Je le prie ici de m'en écrire, sur quelque rivage qu'il soit, ayant échappé à la Grande Tueuse, commentant à ses fils le *Suave mari magno*.

Mais généralisons et toujours sans quitter nos *Anglo-Saxons*.

N'y a-t-il pas un certain *Civil Office* dont ils sont très fiers en Angleterre, pépinière de leurs *proconsuls* à la romaine, si hauts fonctionnaires qu'au bout d'une assez courte carrière ils se retirent avec des 20.000 francs de retraite? Or, ce *Civil Office*, écoutez comment on y entre.

Le programme du concours contient de trente à quarante matières, parmi lesquelles grec, latin, sanscrit, langues et littératures vivantes, etc., outre les sciences et connaissances plus ou moins spéciales. Or chaque candidat a le droit de choisir sept matières du programme, *sur lesquelles il est exclusivement interrogé*, et doit d'ailleurs obtenir une moyenne fort élevée.

Ainsi, il peut entrer au *Civil office* en passant un examen *exclusivement littéraire*. Je ne parle pas ici de certaines autres épreuves morales et mondaines en marge et inutiles à ma petite démonstration. Ainsi les examinateurs du *Civil office* se préoccupent surtout de vérifier la qualité de l'éducation générale, l'entrainement des facultés intellectuelles. Ils estiment qu'une tête bien faite est ensuite rendue, par deux ans d'études spéciales, apte à la haute besogne coloniale, la besogne sacrée et vitale pour les sujets et l'empire *anglo-saxons*.

Ils jugent sans doute que l'esprit pratique qui se respire là-bas, partout, fait le reste. Et on ne voit pas à l'effet que ce soit si mal jugé. Mais, au fait, le *scholar* de M. Anatole France, gouverneur tout frais émoulu de l'Ouganda, ne sortirait-il pas du *Civil office?*

Or, chez *frère Jonathan*, il en va comme chez *John Bull*, témoin cette « Philosophie des Humanités », par M. J. Thomas Fitz-

Hugh, professeur de l'Université du Texas, dont M. T. de Wyzewa vient de signaler le haut intérêt. Voilà que les Américains, après un significatif *referendum*, souhaitent, et en considérable majorité, *plus de latin dans leurs études*, considèrent ce latin, dont on fait chez nous le bouc émissaire de nos défauts nationaux, « comme indispensable pour former non seulement des humanistes, mais des hommes, c'est-à-dire des soldats et des marins, des boursiers et des industriels, voire des colons et des explorateurs », comme plus propre que tout, selon l'expression de M. Fitz-Hugh, « à *humaniser* l'esprit et à le discipliner ».

Plaisant *humanisme* qu'un Océan borne ! Vérité en-deçà de l'Atlantique, mensonge au-delà. Ah ça ! mais qui trompe-t-on ici ou là ? comme dit Figaro. Personne, je crois, avec préméditation ; mais on se trompe de bonne foi, parce qu'il y a un malentendu. Définissons-le, cela contribuera peut-être à le dissiper.

L'enseignement classique est excellent, incomparable, pour la trempe générale de l'esprit et du cœur, même au point de vue des emplois ultérieurs de la vie, je dis les plus pratiques.

Au reste on ne voit pas, remarquons-le au

passage, que ceux-là mêmes qui, l'ayant reçu jadis, l'accusent aujourd'hui le plus éloquemment d'émousser le sens pratique, aient eu celui-ci médiocrement aiguisé et avisé dans le gouvernement de leur carrière comme de leur talent, voire de l'opinion.

En bonne philanthropie, il faut même regretter de ne lès pouvoir enseigner, ces nourricières et fortifiantes humanités que l'Amérique nous envie, à une plus grande partie de la jeunesse de France. Car, au fond, c'est beaucoup moins le don de s'en imprégner bien ou assez bien que le loisir social, hélas ! qui fait défaut à cette jeunesse, née latine, et qui a l'antiquité dans le sang.

Le débat ne doit donc pas être institué entre les mérites comparés des deux enseignements.

La création d'un enseignement secondaire pratique est une nécessité sociale, présentement aussi impérative pour la majorité des petits Français que le serait celle de s'alléger de tout fardeau, même précieux, dans une course de vitesse pour la vie. C'est entendu : *coloniaux* et humanistes en sont d'accord.

Au lieu donc de discréditer les humanités, source et parure suprême de notre démocratie, et de s'entre battre pour ou contre elles, qui sont au-dessus et doivent rester hors du débat (là surtout est le malentendu), unissons nos expériences pour définir et réaliser un idéal d'enseignement secondaire pratique.

Aussi bien, c'est ce qui commence à se faire un peu de tous les côtés. Je le prouverai dans le prochain article. Oui, de la mêlée actuelle d'opinions, laquelle heureusement n'a pas tourné au chamaillis, tend déjà à se dégager visiblement une réforme effective.

Il faut donc remercier dès maintenant M. Jules Lemaitre d'avoir suscité cela, — j'entends la courtoise mêlée, — puisqu'elle était peut-être la condition nécessaire de ceci, — à savoir la bonne réforme. — Mais si la condition était nécessaire, sera-t-elle suffisante ?

C'est ce que nous examinerons dans un prochain et dernier article, en précisant le point où en est actuellement le remède si passionnément cherché de la maladie protéiforme de l'enseignement secondaire [1].

[1] Faute de pouvoir me dépenser, comme je le devrais, en remerciements individuels, je remercie en masse mes correspondants de leurs sympathies et encouragements, et notamment l'auteur inconnu de l'éloquente lettre signée J. de B., laquelle m'est allée au cœur. Etre ainsi compris et approuvé, voilà qui paie de toutes les peines et tranquillise sur les conséquences.

L'expérience continue.

Je conclus.

Je pense comme M. Jules Lemaitre qu' « il y a de terribles *déconvenances* entre l'enseignement qui est donné à la plupart des enfants des classes moyennes et ce qu'ils auront à faire dans la vie ». Au reste, penser ainsi avec M. Jules Lemaître, c'est penser avec Taine, qui avait constaté avant lui, et dans les mêmes termes : « la *disconvenance* croissante de l'éducation et de la vie, » motivant cet avertissement sévère par des considérations dont plusieurs méritaient en effet de devenir des *opinions à répandre*.

Mais de ces *déconvenances* ou disconvenances la faute n'est guère imputable aux humanités gréco-latines. Elle l'est à l'inaptitude à en profiter comme il faut, chez les trois quarts de la clientèle actuelle de notre enseignement classique. On doit avertir bien fort ces malavisés que l'Université s'est avisée de réaliser un enseignement dont la mesure a été prise sur eux et que c'est l'*enseignement moderne*.

Que cet enseignement soit présentement

adéquat à son objet, personne ne le prétend. Mais dans les critiques vives qu'on en fait, quelle hâte !

Il n'y a que sept ans qu'il est à l'essai, et on se réunit pour dénoncer ses fausses manœuvres, sans prendre en considération le chemin qu'il a fait. C'est ici qu'il faudrait aller moins vite en besogne. Qui donc, depuis Aristote jusqu'à Jean-Jacques, critiquant les vices de l'éducation de son temps, en a jamais apporté d'un coup la panacée ? La machine pédagogique est de celles qui ne se construisent pas d'un seul et premier effort de génie. En modifier ou changer les rouages un à un, expérience faite, voilà le commencement de la sagesse. Le temps est le grand maître pour l'Université comme pour le reste [1].

[1] « On a dit spirituellement que le véritable grand-maître de l'Université, c'est « le temps ». Et l'on ne saurait espérer qu'en quelques années à peine ait pu s'achever le travail intérieur, qui, depuis la République, s'accomplit dans notre enseignement national. Il me semble cependant que certains résultats peuvent être déjà constatés, et ce sont ces résultats que je voudrais ici, sans parti pris et sans passion, tenter de dégager en quelques mots... Aurons-nous plus de peine à montrer que l'enseignement moderne n'a pas trompé les espérances de ses fondateurs ? Si l'on regarde au nombre de ces élèves, aux résultats obtenus par eux dans les divers examens, notamment dans les épreuves où les deux enseignements sont mis en comparaison, si l'on considère qu'il n'existe que depuis sept années, que le personnel des maîtres

Or a-t-on fait ce crédit de temps et d'expérience à l'enseignement moderne ? A peine une génération d'écoliers l'a reçu, et l'on veut déjà conclure pour ou contre, en bloc. L'épidémie actuelle de *célérité* gagnerait-elle aussi nos pédagogues ?

Pourtant le nouvel enseignement a au moins prouvé sa vitalité. Le nombre de ses élèves est là-dessus sans réplique. Et on verrait croître ce nombre autant qu'il faut, si décroissait l'inégalité des sanctions, ou si, ce qui vaudrait mieux pour tout le monde, on supprimait tous les baccalauréats en les remplaçant par des *examens d'état*, à l'entrée et surtout au cours des carrières.

Trop hâtives aussi les critiques contre les

n'y a pas encore pu prendre toute la cohésion que donnent et une même origine et une longue tradition, nul ne pourra penser que l'enseignement moderne ait manqué aux promesses faites en son nom.. Les études latines, *plus encore peut-être les études grecques*, mises sur une base plus solide, ont repris un essor vigoureux... » Ainsi parlait encore le ministre de l'Instruction publique au Concours général dernier, au lendemain de cette controverse.

Qu'on nous pardonne ces citations; mais si considérables vraiment sont ceux que nous avons à réfuter qu'il serait imprudent d'abord, de notre part, préjudiciable aussi à la cause qui nous est chère, de ne pas nous armer pour elle de pareils suffrages. Nous aimons mieux nous exposer au reproche d'immodestie qu'à celui de la servir négligemment.

programmes de l'enseignement moderne ! J'en ai naguère conté l'élaboration et vanté le séduisant éclectisme. Je ne déchante pas.

Les *humanités françaises*, au plein sens du mot, ont eu, dans les programmes de 1891, leur charte de fondation. On pourra faire mieux, sans doute, mais seulement dans le même sens.

Et parce que ceux à qui est échue d'abord, par la force des choses, la mission difficile entre toutes d'enseigner les *humanités françaises*, n'étaient pas, malgré leur bonne volonté, assez qualifiés pour y réussir pleinement, ces humanités seraient dès lors disqualifiées ! Il ne reste pas de plus grave erreur à commettre.

Mais que tous les professeurs à venir des humanités modernes aient reçu la culture des humanités gréco-latines-françaises, et l'on verra.

Malheureusement, — et je ne pense pas que ce constat d'un fait qui est un legs du passé soit blessant pour personne, — malheureusement, tel n'est pas le cas actuel. De là surtout sont venus la stérilité relative de ces beaux programmes, et, pour l'enseignement moderne actuel, un discrédit qu'il ne faudrait pas exagérer.

Certes il avait bien prévu cet écueil de

l'expérience, dès le jour où elle commença, le haut fonctionnaire de l'enseignement qui me disait alors : « Comme je donnerais volontiers une prime de 300 francs par an aux chargés de cours de l'enseignement moderne et des langues vivantes qui auraient la licence ès lettres ! »

On a supprimé l'agrégation bâtarde de l'enseignement moderne, c'est bien. Qu'on exige de ses futurs professeurs des grades semblables, à quelques équivalents près, à ceux des professeurs classiques, et tout ira infiniment mieux.

Ah ! l'enseignement des langues vivantes ! Parlons-en un peu. Ce fut le second écueil, celui autour duquel ont été faites les plus fausses manœuvres. Nos professeurs modernes les ont crues appelées à remplacer *exactement* le grec et le latin, comme gymnastique intellectuelle. Rien, je le répète, n'a plus contribué que cette conception ambitieuse du rôle des langues vivantes à fausser le nouvel enseignement et à en faire un rival gauche et un peu ridicule de l'enseignement classique.

Chacun pris en son air est agréable en soi ;

mais l'air d'autrui a singulièrement déplu chez le nouveau venu. Et, de cette singerie, ses professeurs ne sont pas seuls responsables. Mais passons.

Enfin il y a expérience faite, et, ici, il faut modifier le rouage.

Que dans l'enseignement moderne, comme dans le classique d'ailleurs, les langues vivantes soient enseignées d'abord *pour être parlées* et écrites couramment. Si l'on veut ensuite leur demander la clé de Shakspeare, de Schiller, de Calderon ou d'Alfieri, que ce soit sur le tard, et qu'au besoin l'élève, une fois hors de page, la forge lui-même.

En somme, cet *essai loyal* de l'enseignement moderne, comme je le baptisais naguère, en lui souhaitant le succès d'ailleurs, a bien été fait, mais en ce sens qu'il a été *loyalement* faussé. Changeons-y quelque chose, et tôt, et puis que l'expérience continue.

Pour la faciliter et l'élargir, vite l'égalité des sanctions, ou, mieux, la suppression de tout baccalauréat.

A la clientèle, ainsi accrue de l'enseignement moderne, donnons désormais des professeurs ayant subi profondément la trempe classique et, par là, capables de formuler pour leurs élèves le véritable esprit des humanités françaises, amalgamant les traditions sacrées du passé avec les exigences légitimes du présent.

Professons des langues vivantes un enseignement résolument pratique, en ajournant toute ambition littéraire.

Elaguons et condensons les programmes pour gagner encore du temps.

Surtout que proviseurs et professeurs de l'enseignement classique aiguillent vers cet enseignement moderne ceux, et c'est l'énorme majorité, pour lesquels il est la culture appropriée et efficace, quand l'autre leur est matière à déceptions aussi rancunières que stériles. Qu'on arme le corps enseignant de pleins pouvoirs à cet effet et qu'il se pénètre dans la pratique de ce précepte du si avisé pédagogue Arnold, qui est un axiome courant de l'autre côté de la Manche : « Le premier, le second et le troisième devoir de tout directeur d'école est de se débarrasser des natures stériles. »

Joignons-y pourtant un devoir rival, celui d'opérer une sélection vigilante, qui aille chercher les *capacités* naissantes jusque sur les bancs de l'école primaire, pour leur donner l'accès du lycée et de la Faculté. C'était le vœu formel de ce Michelet, que l'on cite tant depuis quelques jours : « Alors, s'écriait-il, le cœur de cent mille onvriers, de cent mille paysans en sera relevé, mille haines et mille envies calmées... » Ce n'est pas une utopie.

Au reste écoutons tout le monde, assidus consultants. Un père de famille, voire une mère de famille, — oui, Monsieur le professeur ! — quelquefois ouvre un avis important, et j'en ai pour preuves plus d'une lettre et plus d'un entretien.

Il ne faut pas non plus écarter systématiquement les systèmes des philosophes, et c'est avec fruit, par exemple, qu'on lira (demandez à M. Jules Lemaître) l'*Enseignement intégral* que vient de publier[1] l'éloquent professeur de philosophie de Lyon, M. Alexis Bertrand. Mais on fera bien aussi de lester la métaphysique pédagogique avec les grains de bon sens des spécialistes de la vie pratique.

Ainsi l'a compris la *Société pour l'étude des questions d'enseignement secondaire*, témoin ses circulaires et questionnaires récents, signés de M. Alfred Croiset, son président, — un maître autorisé et aimé à ce point que qui a reçu sa leçon et éprouvé son caractère se sent un émoi à la tête et au cœur, s'il se trouve ne pas penser comme lui sur quelque chose. — Aux présidents des chambres de commerce, des comices

[1] Librairie Belin.

et syndicats agricoles, et aussi aux directeurs d'écoles techniques et professionnelles, M. Alfred Croiset vient d'adresser deux circulaires définissant et posant, avec une concision éloquente et une netteté pressante, la question d'un *enseignement secondaire pratique*, qui n'existe pas et qu'il faut créer dans l'Université.

Les réponses commencent à arriver, et vous les pourrez trouver et méditer au fur et à mesure dans l'*Enseignement secondaire, organe pour l'étude des questions d'enseignement secondaire.* Mais je puis vous annoncer déjà qu'elles sont plus précises qu'on n'osait l'espérer, qu'il y en a de singulièrement documentaires, et qu'elles paraissent devoir s'orienter en masse dans le sens des idées pour lesquelles j'ai l'honneur de plaider ici.

Mais veuillez constater déjà, par le seul fait de cette enquête, que nos universitaires n'ont pas l'incuriosité qu'on leur prête des opinions répandues ou à répandre, qu'ils ne sont pas si abstracteurs de quintessence, qu'ils traitent au besoin le problème de l'enseignement comme un problème de physique expérimentale, et avec la circonspection que voulait Newton, quand il disait : « *Physique, défie-toi de la métaphysique !* » Un bon point à l'Université, n'est-ce pas ?

TABLE DES MATIÈRES

PREMIÈRE PARTIE

L'essai loyal de l'enseignement secondaire moderne

DEUXIÈME PARTIE

La querelle des anciens et des modernes dans l'enseignement

TOURS

IMPRIMERIE DESLIS FRÈRES

6, rue Gambetta, 6

www.ingramcontent.com/pod-product-compliance
Ingram Content Group UK Ltd.
Pitfield, Milton Keynes, MK11 3LW, UK
UKHW020151200726
13856UKWH00003B/944